MEDICINA E DESCOBRIMENTOS

ALFREDO RASTEIRO

Professor da Faculdade de Medicina da Universidade de Coimbra

MEDICINA E DESCOBRIMENTOS

LIVRARIA ALMEDINA

COIMBRA – 1992

Toda a reprodução desta obra, seja por fotocópia ou outro qualquer processo, sem prévia autorização escrita do Editor, é ilícita e passível de procedimento judicial contra o infractor.

Reservados todos os direitos para a Língua Portuguesa
LIVRARIA ALMEDINA — COIMBRA — PORTUGAL

Responsável pelo ensino da História da Medicina na Faculdade de Medicina da Universidade de Coimbra desde 19 de Novembro de 1986 comulativamente com outras obrigações docentes, desejando ser útil aos Alunos que frequentam a Cadeira e corresponder à insistência de Colegas e Amigos, decidi dar à estampa o elogio da medicina portuguesa que preparei para provas académicas em Maio de 1991.

A História dos Descobrimentos Marítimos e Terrestres dos Portugueses é tema muito querido de médicos como Sousa Viterbo, Jaime Cortesão, Ricardo Jorge, Reynaldo dos Santos ou dos, felizmente vivos Fernando Nogueira e Manuel Luciano da Silva.

Nos séculos XV e XVI, médicos como Abraão Zacuto, José Vizinho, Rodrigo Zacuto, João Faras, Pedro Nunes, Manuel Lindo e outros, construiram instrumentos que tornaram possível a expansão mundial da Europa. Na passagem do século XX para o século XXI, quando alguns dizem e escrevem não ser necessário perder tempo com Amato, Garcia de Orta, Zacuto e tantos mais por serem muito conhecidos, quando se comemoram quinhentos anos sobre a renovação dos estudos médicos desencadeada pela construção do Hospital de Todos os Santos, evocar o passado é afirmação de identidade numa Europa a caminho do Futuro. Procurei não sair «fora da materia da liçam» nem dizer «palavras descorteses contra pessoa alguma», como manda o capítulo 36 dos «Statutos da Universidade de Coimbra», 1559 e nada encontrei em desabono das palavras do doutor José Pinto de Azeredo (1763-1810) quando inaugurou em Luanda o Curso de Medicina, no dia 11 de Setembro de 1791: – A Medicina «é aquela arte encantadora que apura o gosto, que enriquece o espírito, que anima a sociedade, que descobre os males, que protege o bem, que defende a vida, que eleva a saúde, que faz as delícias da humanidade.»

1. MEDICINA E DESCOBRIMENTOS

> «... *e por mais sondas que outros lançarão*
> *por mais padrões e mapas levantados*
> *sempre nos ficará muita lonjura*
> *onde rumar a barca da aventura.*»
>
> A. Quadros/J. P. Grabato Dias:
> As Quybyrycas, MCXVI, 1972

> «*A vida do herói é um mero jogo da loucura*»
>
> Erasmo: Elogio da Loucura, XXVII, 1509

No início do século XV o mundo conhecido dos europeus desenvolvia-se em volta do mar Mediterrâneo e a Europa, desconhecedora da real grandeza da Terra, estaria impossibilitada de valorizar quaisquer indicações sobre prováveis terras a ocidente, sobre um eventual reino cristão a oriente ou sobre aventurosas viagens empreendidas por Chineses, percebendo-se que, por arrastamento, Atlântico e Índico tenham sido igualmente tidos como mares interiores, medioterranos. E foi então que os Portugueses «*Revelaram aos sábios da terra muitos segredos da natureza, (...). Chegaram, despregando bandeiras, tomando cidades, subjeitando reinos, onde nunqua o vitorioso Alexandre, nem o afamado Hercules (...) puderam chegar. Acharam novas estrelas, navegaram mares, e climas incognitos, descobriram a ignorancia dos Geografos antigos, que o mundo tinha por mestres de verdades ocultas. Tomaram o direito a costas, diminuiram, e acrescentaram graus, emendaram alturas; e sem mais letras especulativas, que as que se praticam em o convés de um navio, gastaram o louvor a muitos, que em celebres universidades haviam gastado o seu tempo. Reprovaram as tavoas de Ptolomeu, porque caso fosse varão doctissimo, não fondou aqueles mares, nem andou por aquelas regiões. (...) e ensinaram aos medicos do nosso orbe, que cousa era a aloe de Sacotorá, que dista do estreito de Meca cento, e vinte oito léguas; e que era o ambre, Anarcado, Benjuin, o calamo aromatico, a arvore Canfora, o cardamomo, canasistola, canela, cravo de Maluco, Zingivre, linaloes, e a maça do Malaio, e o reubarbo da China, e o sandalo vermelho e branco, aquem e alem do Ganges.»* (*Frei Amador Arraes (1530-1600): DIALOGOS, Coimbra, 1589*). E em menos de um século, no meio dos maiores atropelos, passou a haver ligações regulares entre os pedaços repartidos da Pangeia e os Europeus, muito ciosos das suas dignidades, começaram a ter consciência de que a Humanidade era apenas uma, embora o racismo se manifestasse de forma violenta por todo o lado. Em suma, como escreveu Arraes, «*não ha nação na terra conhecida, a que tanto se deva, quomo a Portugueses*» e J. H. Plumb, nas palavras de introdução que escreveu para «*O IMPÉRIO MARÍTIMO PORTUGUÊS 1415-1825"*»de Charles Ralph Boxer, 1969, edição portuguesa, 1992, não esquecerá que «*Nada foi deixado ao acaso nos seus descobrimentos. Foram deliberados, bem programados e audaciosamente executados*». Neste livro, Boxer, na página 217 diz-nos que «*Cada navio da carreira devia levar um médico qualificado e um cirurgião, juntamente com caixas de remédios bem fornecidas dadas pela Coroa. Na prática, contudo, havia apenas um ignorante cirurgião-barbeiro a bordo, como aconteceu na frota de*

1633, que transportava 3000 homens em quatro navios. A Coroa era, sem dúvida, generosa na provisão das ciaxas de remédios bem fornecidas a cada navio de carreira, mas na maioria das vezes, pessoas não autorizadas ficavam com o conteúdo das caixas para o seu próprio uso ou então os medicamentos eram vendidos no mercado negro do navio em vez de serem distribuidos de graça aos doentes. Deve acrescentar-se que muitos deste(s) medicamentos eram drogas prejudiciais sem qualquer valor terapeutico e que outros, ainda que inofensivos, eram inúteis. Além disso, a predilecção dos Portugueses pela flebotomia e pelos purgantes provocava frequentemente resultados fatais quando os doentes já enfraquecidos pela doença e pela má nutrição eram privados de vários decilitros de sangue e submetidos a purgas violentas. A propagação de doenças fecais (?, intestinais?) e de outras enfermidades infecciosas entre os superlotados soldados e degredados, amontoados todos juntos em condições extremamente insalubres e muitas vezes sem qualquer protecção do calor tropical e do frio glacial, tinham inevitávelmente como consequência uma elevada mortalidade provocada pela desenteria, pelo tifo e pelo escorbuto, em muitas viagens.» Transcrição longa sem dúvida, desprovida de lisonjas, datada: 1633, Fellipe IV, mas síntese muito correcta, ainda que, segundo penso, carregada de involuntários preconceitos sobre médicos e pretensas terapeuticas, como procurarei mostrar, chama a atenção para a carência de médicos que seriam alegadamente substituidos por boticas de bordo bem fornecidas, isto é, por colecções de águas mais ou menos pútridas, unguentos mais ou menos rançosos, azeites mais ou menos acidulados, pós e xaropes quase sempre desprovidos de valor terapeutico e quanto à apregoada flebotomia e sua frequência, custa a aceitar que depois de sangueira de inúmeras batalhas ainda a desejassem, não merecendo crédito a possibilidade de ser repetida muitas vezes, no sangradoiro e nas safenas, porque as veias o não permitem e a resistência a infecções, tal como hoje, tem limites. Sublinhe-se que durante os dois séculos anteriores a Fellipe IV (1605-1665) os navios portugueses raramente contaram com a colaboração de médicos e ninguém poderá dizer, por exemplo, qual o nome do físico que acompanhou Vasco da Gama na armada que largou do Tejo em 8 de Julho de 1497 com a missão de partir à descoberta da passagem de sudeste para a Índia, certamente a viagem melhor programada e estudada, ou Alvaro Velho, o «homem do Diário» que descreve o mal das gengivas e refere as laranjas, teria formação médica? Por outro lado, compreendemos que tudo isto foi função da política de financiamento das operações que se desenvolveram, quando olhamos para estes acontecimentos com os olhos que viram os primeiros meses da guerra de libertação de Angola em 1961-1974 feita com fardas, armas, alimentação e atrelados sanitários escolhidos por gente como o major médico M. F. que ao inspecionar-me em 14 de Abril de 1961 me dizia «Olhe colega, tenha paciência que eu também estive mobilizado nos Açores» (!), uma guerra em que tive repreensões por ter desmascarado a utilização de um vinho com vitamina C que se não bebia ou uma «farinha com vitaminas» para fabrico de pão que, pela cozedura, as perderia.

Quanto aos clisteres, com todas aquelas águas, azeites e xaropes... Talvez até que a ausência de médico tivesse alguma utilidade. Se os grandes estavam doentes, não embarcavam: Tristão da Cunha despachado para a Índia em 1505 perdeu a visão e não embarcou em 25 de Março porque estava doente; no ano seguinte, já mentalizado para tão longa comissão, largou do Tejo em 6 de Março com treze ou catorze velas e mil e trezentos homens «*havendo muitos doentes de peste na frota, de que alguns morriam(...). Tanto que foram na Costa da Guiné, os enfermos curaram-se e não houve mais doentes de peste.*» — Morreriam depois de *frialdade* na passagem do Cabo da Boa Esperança e em Moçambique, «*de maneira que estes e os que morreram no mar passaram de seiscentas pessoas*» — CRÓNICA DO DESCOBRIMENTO E PRIMEIRAS CONQUISTAS DA ÍNDIA PELOS PORTUGUESES, cap.69. João de Barros acrescenta que nas imediações de Cabo Verde «*se achou um homem morto dentro em uma camara, comidos os pés dos ratos, sem se saber ser falecido, tanto trabalho havia em todos*» (com os mortos) o que diz dos muitos trabalhos, das condições de alojamento, dos ratos e da falta de assistência que iria agravar-se na passagem do Cabo «*que começaram alguns homens pobres de roupa de lhe morrer e a gente do mar andava tão regelada que não podiam marear as velas*», (DECADA SEGUNDA, Livro I, Cap. I) e aponta para a incipiência e indigência dos equipamentos disponíveis.

A discussão relativa à flebotomia tem que fazer-se no contexto da Revolução Hipocrática a que a «malta das naus» era alheia. Foi uma prática que nasceu obsoleta e sem fundamento, estava eivada de preconceitos, serviria para a saída de sangue «ruim» como mais tarde as fogueiras «purificariam» a carne «pecadora», não contribuiu para o progresso, não apontou de maneira nenhuma na direcção da descoberta da Circulação Sanguínea (W. Harvey, 1628) nem da hemoterapia, nada tem a ver com a prática actual de dádivas e colheitas de sangue nem com aqueles casos, felizmente raros, em que está indicada como medida terapeutica. No princípio do século XVI, perante um caso de pleurite, discutia-se se se deveria abrir a veia basílica do braço direito ou se a do braço do lado onde a dor se situava. A discussão deste problema levou Amato Lusitano (1511-1568) a realizar em 1547, em Ferrara, experiências em corpos de homens e animais que o lavaram à descoberta de válvulas venosas (PRIMEIRA CENTÚRIA, LII, 1549; QUINTA CENTÚRIA, LXX, 1561) e a tomar partido ao lado de Brissot, Sylvio e outros, contra Vesálio. Pierre Brissot (1478-1522) era defensor dos métodos Hipocráticos, fora expulso de Paris, e em 1518 substituira Mestre Dionísio junto de D. Manuel (1469-1521), que lhe merecerá uma APOLOGIA SÔBRE A PLEURITE, referida por Amato na PRIMEIRA CENTÚRIA, Cura II, ao recordar um caso clínico em que colaborou, em Antuerpia, com mestre Dionísio.

A referência à prática de sangrias nas naus surge em cartas de padres que seguiram a bordo, como António de Quadros, de Goa, em 18 de Dezembro de 1555 mas já o padre Arboleda, em 1560, em Ceilão, denuncia que depois de sangrado duas vezes, «*bolliendome a sangrar otras, no me podieram tirar sangre con me dar la lancetada...* », isto é, sangradores encartados ou simplesmente "amadores" estavam lá certamente, até porque não seria difícil atribuir conotações religiosas à saída do sangue ruím, mas as paredes das veias não facilitavam tais tarefas, além do que a longa presença árabe na Peninsula Hispânica e os contactos com o norte de África apontariam para a prática de ventosas e ventosas escarificadas, que não traumatizariam o sangradoiro. As referências aos padres Quadros e Arboleda foram colhidas em José de Vasconcellos e Menezes, (ARMADAS PORTUGUESAS, Lisboa, 1987, páginas 420, 422 e 432), que regista igualmente na página 455 do seu livro uma esclarecedora carta de «autoridade» na matéria, Paulo Dias de Novais, de 2 de Fevereiro de 1584, recomendando para evitar o aparecimento de alterações nas pernas e nas gengivas próprias de doença que se chamou mal de Luanda, o escorbuto, «*rês ou quatro sangrias na veia*» e «*dahi por diante de dous en dous he de tres en tres dias, até acabarem de sarar*» não estranhando chegar a vinte sangrias, acrescentando que «*Sumo de limões he aguoa ardente cõ que muitos coitados se costumão a embarcar não presta, sem as muitas sangrias, he ellas servem sem enxaropes nem purgas...*»

Podemos calcular que clisteres e sangrias seriam violências e juntar a muitas outras, de que uma das menores até seria a triste realidade da vida sexual de todos os dias, magistralmente evocada por Camões: «*Hua noite de Doris prometida, / Me aparece de longe o gesto lindo / Da branca Thetis vnica despida: / Como doudo corri de longe, abrindo / Os braços, pera aquella que era vida / Deste corpo, & começo os olhos bellos / A lhe beijar, as faces & os cabellos.// O que não sey de nojo como o conte / Que crendo ter nos braços quem amaua, / Abraçado me achey cum duro monte / De aspero mato, & de espessura braua: / Estando cum penedo fronte a fronte / Queu pollo rosto angelico apertaua, / Não fiquey homem não, mas mudo & quedo / E junto dhum penedo outro penedo.*» (Os Lvsiadas, v, 55 e 56, 1572).

E no entanto os médicos estiveram ligados à grande empresa dos descobrimentos marítimos desde o seu início. Jaime Cortesão (1884-1960), na HISTÓRIA DOS DESCOBRIMENTOS PORTUGUESES, circulo de Leitores, 1979, volume I, página 344, regista: «*Mais de uma vez assinalámos o grande número de físicos judeus ou de estrangeiros que estiveram em contacto íntimo com o Infante, ou, mais directamente, ao seu serviço. Quanto aos físicos, judeus ou não, sabido que a medicina e a astrologia coincidiam, por via de regra, no mesmo indivíduo, é de supor que, mais como astrólogos, isto é, astrónomos, que como médicos assistíssem o Navegador. Com efeito, foi-nos dado apurar em documentos avulsos, alguns dos quais já citados por Viterbo, os seguinte(s) físicos do Infante: Mestre Lançarote (1443), Mestre Johane (1444), Mestre Rodrigo (1445), Mestre Guedelha Goleimo (1445), Samuel Goleimo (1453) e Isaac Franco (1455). (...) ... isto não obstante se ter proibido aos físicos e cirurgiões judeus usar das ditas ciencias.*»

Com os trabalhos e as privações de muitos, mas certamente também com a modesta, ainda que indispensável colaboração dos médicos, foi possível encontrar soluções para muitos problemas que surgiram na grande escola que foi o **convés de um navio** e os estudos que se faziam nas Escolas de Artes e nas Escolas Médicas poderiam fornecer bases adequadas para a resolução de muitos problemas teóricos e práticos surgidos com as navegações, nomeadamente quando foi necessário acharem «*esta maneira de navegar por altura do Sol, de que fizeram suas tavoadas para declinação dele, como agora se usa entre os navegantes, já mais apuradamente do que começou, em que serviam estes grandes astrolábios de pau*», escreve João de Barros na PRIMEIRA DÉCADA, Livro Quarto, Capítulo II, depois de ter dito «*Peró como a necessidade é mestra de tôdas artes, em tempo del-rei dom João o segundo, foi por ele encomendado este negócio a mestre Rodrigo e a mestre Josepe, judeus, ambos médicos, e a um Martim de Boémia natural daquelas partes, o qual se gloriava ser discípulo de Joam de Monte Régio, afamado astrónomo entre os professores desta sciencia*. **Os quais acharam esta maneira de navegar por altura do sol,...**»

O acaso e a necessidade, a observação de coisas novas e a prática de experiências desconhecidas conduziram ao desenvolvimento de processos de medida cada vez mais rigorosos, anunciadores de um tempo novo. Simultâneamente desenvolveu-se uma grande curiosidade em relação à enorme herança greco-latina e surgiu a preocupação em restituir à sua pureza original os velhos mestres de primeira classe do passado remoto, adulterados por sucessivas gerações de copistas nem sempre bem intencionados. Johannes Gutenberg (1399-1468), de Moguncia, com a descoberta da imprensa circa 1448 tornará possível a democratização do livro e da leitura, que desceram dos escritórios e livrarias conventuais e dos paços de um ou outro príncipe mais esclarecido até às casas de uma classe média nascente que labutava no comercio e em profissões liberais, que arriscava dinheiro nas empresas marítimas e lia livros durante as longas travessias, que ganhava e perdia fortunas em «*lugares tão remotos e desconhecidos, que nem Ptolomeu nem Plínio deles tinham tido notícia*», como na queixa célebre de D. João de Castro ao rei D. João III.

Descobertas marítimas e terrestres dos Portugueses, algumas apoiadas em trabalhos realizados por médicos, geraram forças que impulsionaram decisivamente a nova era do Renascimento e foram seguidas atentamente por países de toda a Europa que nelas tomou parte de forma inicialmente passiva, como a Alemanha através de poderosas empresas comerciais – Paumgartner, Imhof, Welser, Fugger, Herwart, Hirschvogel,... – que deterão a parte mais significativa de todo o empresariado comercial marítimo ou como a Holanda e a Inglaterra que saberão apropriar-se de toda a tecnologia desenvolvida por Portugueses e Espanhois ao longo dos séculos XV e XVI e dominarão os mares no século XVII. Verificaram-se mudanças radicais por toda a parte: em 1492 os Mouros da peninsula Hispânica perderam Granada e atingiram o fim de um domínio que vinha desde 711; Colombo descobriu o caminho para a Quarta Parte nova e em 1492, sem o saber, possibilitou que, muito antes de Fernão de Magalhães e da sua viagem de 1519, alguns ameríndios completassem a Volta ao Mundo iniciada há muitas centenas de anos por Asiáticos que atravessaram a zona do estreito de Bering e que, pelo seu isolamento, não desenvolveram defesas imunitárias para doenças virusais e morrerão aos milhões por acção da Influenza – influentia coeli – da varíola e de outras epidemias.

Os povos então mais agressivos, por ideologia e por estarem melhor artilhados, poderiam pontualmente trocar experiências, mas não se misturavam, antes de uma forma fulminente dominariam povos mais pacíficos e com menos recursos tecnologicos. A interpenetração foi isso mesmo, o domínio dos mais fortes, em nome da dilatação da fé, de que o Papa João Paulo II, da Igreja de Roma, se penitencia na ilha de Gore, Senegal, em Fevereiro de 1992.

2. DIGNIDADE HUMANA

> «... *qui est super omnia constitutus omnibus antestabit.*»
> Oratio Ioannis Pici Mirandulani Concordiae Comitis, 1496

A discussão relativa ao problema da Liberdade e da Dignidade surgiu quando o Homem se sentiu expulso e injustamente espoliado do paraiso, quando iniciou a longa aprendizagem de si próprio e deu começo à projecção dos seus anseios. Tão longo processo emergiu em brava luta individual de contornos incertos e objectivos difusos, foi utopia e uniu multidões, originou sevícias e mortes, é traço de união entre Homens de boa vontade e ideias claras. Em Portugal o grande objectivo da dignidade da pessoa humana, origem e razão de todo o Direito, figura na Constituição da República desde 1976. A liberdade religiosa fora proclamada solenemente em 7 de dezembro de 1965 no Concílio Ecuménico Vaticano II e consiste no seguinte: «*todos os homens devem estar livres de coacção, quer por parte dos indicíduos quer por parte dos grupos sociais ou qualquer autoridade humana; e de tal modo que, em matéria religiosa, ninguém seja forçado a agir contra a própria consciência, nem impedido de proceder segundo a mesma, em privado e em público, só ou associado com outros, dentro dos devidos limites, (...) o direito à liberdade religiosa funda-se realmente na própria dignidade da pessoa humana ...*».

Entenderam-se muitas coisas por dignidade humana: posição social, hierarquia religiosa, militar, académica ou outra, insígnias de mando, vestidos ricos, ... Em Angola circulava em 1961 um panfleto com o desenho de um negro nu armado de azagaia e a legenda: **foi assim que os portugueses nos encontraram há quinhentos anos**, homens com grilhetas capinavam nas estradas, o menino negro não entrou na roda das crianças brancas, a médica Alda Lara morria cantando um mundo melhor em que «*mãos brancas se estendem / para estreitar com amor / (...) mãos negras...*»

O primeiro mercado de escravos promovido pelo Infante D. Henrique, um Homem que António Sérgio considerava — calado, tenaz, e duro (BREVE INTERPRETAÇÃO DA HISTÓRIA DE PORTUGAL, 13ª ed.1989, p.39) — teve lugar em Lagos, na madrugada do dia 8 de Agosto de 1444 e foi presenciado por Gomes Eanes de Zurara que não se limitou a registar a chegada de 235 Mouros que o próprio captor, Lançarote, considerou assustados, «*assaz mal corregidos e doentes*», dando ensejo para que este «**autor aqui razoa um pouco sobre a piedade que ha daquelas gentes, e como foi feita a partilha**» (CRÓNICA DA GUINÉ, cap. XXV, 1453). A prévia oferta de «*o melhor daqueles Mouros à igreja daquele lugar, e outro pequeno, que depois foi frade de S. Francisco*» não atenuaram os escrúpulos de Zurara que em sentida prece ao «*celestial Padre*», escreveu: «*Eu te rogo que as minhas lágrimas nem sejam dano da minha consciência, que nem por sua lei daquestes, mas **a sua humanidade constrange a minha que chore piedosamente o seu padecimento**. E se as brutas animálias, com seu bestial sentir, por um natural instinto conhecem os danos de suas semelhantes, que queres que faça esta minha humanal natureza, vendo assim ante os meus olhos aquesta miserável companha,* *lembrando-me que são da geração dos filhos de Adão!»*, *«alguns de razoada brancura, fremosos e apostos; outros menos brancos, que queriam semelhar pardos; outros negros como etíopes»*. Negros, azenegues e mouros brancos, traduzirá Vitorino Magalhães Godinho (MITO E MERCADORIA..., 1990, p.135). Zurára não esquece: «*Mas qual seria o coração, por duro que ser podesse, que não fosse pungido de piedoso sentimento, vendo assim aquela companha? Que uns tinham as caras baixas e os rostos lavados com lágrimas, olhando uns contra os outros; outros estavam gemendo mui dolorosamente, esguardando a altura dos céus, firmando os olhos em eles, bradando altamente, como se pedissem acorro ao* **Padre da natureza***; outros feriam seu rosto com suas palmas, lançando-se tendidos no meio do chão; outros faziam suas lamentações em maneira de canto... (...) Mas para seu dó ser mais acrescentado, sobrevieram aqueles que tinham cargo de partilha e começaram de os apartatarem uns dos outros, a fim de poerem seus quinhões em igualeza; —* **(*e farão deles cinco partes segundo o costume, e seja vossa mercê chegardes aí e escolher uma das partes, qual mais vos prouver,*** *nas razões que Lançarote disse ao infante) — onde convinha de necessidade de se apertarem os filhos dos padres, e as mulheres dos maridos e os uns irmãos dos outros.* **A amigos nem a parentes não se guardava nenhuma lei, somente cada um caía onde o a sorte levava***».

E Zurara, vivamente impressionado com tanta miséria, nota como «*se apertam uns com os outros (...) ... Que tanto que os tinham postos em uma parte, os filhos, que viram os padres na outra, alevantavam-se rijamente e iam-se para eles; as madres apertavam os outros filhos nos braços e levantavam-se com eles de bruços, recebendo feridas, com pouca piedade de suas carnes, por não lhe serem tirados!... (...) ... O Infante era ali em cima de um poderoso cavalo...»*, muito possivelmente **calado, tenaz, e duro,** muito cioso do seu poder e dos RVI, leia-se quarenta e seis escravos que lhe couberam na partilha, figuras de um episódio sem qualquer dúvida extremamente violento, com um final bem ao gosto popular português: *«e eu que esta história ajuntei em este volume, vi na vila de Lagos moços e moças, filhos e netos daquestes, nados nesta terra, tão bons e tão verdadeiros Cristãos...»* e Camões, que conhecia as LAMENTAÇÕES de Jeremias, cento e vinte anos mais tarde, quando cantou Aljubarrota, utilizará uma expressão que evoca o sentimento inicial de Zurara: *«Deu sinal a trombeta ... E as mãis que o som terribil escuitârão»* (Os LVSIADAS, 1572, IV, 28).

Em 1452, na Itália, Giannozzo Manetti escrevia o DE DIGNITATE ET EXCELLENTIA HOMINIS e em 1496 é publicada postumamente a ORATIO DE HOMINIS DIGNITATE de Giovanni Pico della Mirandola (1463-1496) onde se afirma que o Homem é um produto de si próprio e o resultado das suas opções, sendo de considerar diversas categorias: *«se vegetal, tornar-se-à planta; se sensível, será besta; se racional, elevar-se-à a animal celeste; se intelectual será anjo e filho de Deus e se, não contente com a sorte de nenhuma criatura, se recolher no centro da sua unidade, (...), aquele que foi posto sobre todas as coisas, estará sobre todas as coisas.»*

No século XV, em Portugal, família, educação, virtude, vigor, valor, renome, honra e glória eram razões poderosas que mantinham desassossegados os membros do alto clero e a chamada nobreza. Em 31 de Agosto de 1481, perante o papa Sisto IV, o embaixador Garcia de Meneses, bispo de Évora, depois de afirmar que não lhe seria possível fugir ao destino dos seus antepassados e à participação nas guerras africanas tão «*peculiar e hereditária*» na sua família, diz acreditar sinceramente que os feitos dos progenitores não são transmissíveis à descendência e que antes poderão ser causa de embaraço para a modestia de cada um: era neto do primeiro governador de Ceuta, filho do primeiro governador de Alcácer, irmão do primeiro governador de Arzila e seu pai e irmão tinham «*lutado e morrido pela fé*». (DISCURSO AO PAPA SISTO IV, in Américo da Costa Ramalho: LATIM RENASCENTISTA EM PORTUGAL, 1985).

Na terra portuguesa apontar-se-à como retrato e paradigma das gentes e das classes sociais no final do século XV o chamado políptico de S. Vicente, do Museu Nacional de Arte Antiga, das Janelas Verdes, Lisboa, referência obrigatória quando se estuda a fase inicial da expansão marítima dos portugueses porque, como escreveu Jaime Cortesão: «*consideramos esse políptico, no desdobramento das suas seis tábuas, o mais eloquente e persuasivo documento sobre a estrutura da sociedade portuguesa e o espírito que a animava na segunda metade de Quatrocentos*». (HISTÓRIA DOS DESCOBRIMENTOS PORTUGUESES, Cir. Leitores, 1979, p. 29). Destes paineis não sabemos com absoluta segurança qual o nome do autor, desconhecemos o(s) donatório(s), a identificação dos figurantes é meramente especulativa. Sabemos que foram encontrados numa dependência do Mosteiro de S. Vicente de Fora no Verão de 1895 por Joaquim de Vasconcelos, Ramalho Ortigão, José Queiroz e o Arcebispo de Mitilene D. Manuel Baptista da Cunha, foram restaurados e sofreram retoques, nem sempre inocentes. Marco miliário de primeira grandeza nas culturas portuguesas e europeia, estes paineis serão ainda uma referência obrigatória na História da Medicina, em razão do notabilíssimo tratamento que foi dado às sessenta personalidades que representam, todas elas «*tão díspares», «reflectindo suas paixões singulares e próprias»,* marcando *«uma fase nova na história da pintura, isto é, o aparecimento e figuração do indivíduo, como entidade própria, implacavelmente gravado na sua personalidade»,* como escreveu Cortesão, e são um foco de luz na noite escura da iconografia anatómica anterior à publicação das seis TABULAE ANATOMICAE, 1538, de Andreas Vesal (André Vesálio, 1514-1564) e sequente revolução desencadeada com a publicação de DE HUMANI CORPORIS FABRICA LIBRI SEPTEM, 1543, 1555, mas também porque nos mostram, com alguma evidência, a figura de um médico no seu meio. Porém, esta figura de médico, padrão de virtudes que deveria ser de consenso, surge como sinal de contradição e paradigma do mau relacionamente que desde sempre regulou o confronto entre poderosos e médicos de mãos limpas e servirá como um claro exemplo do que é a perversão histórica, no mesmo sentido em que Alexandre Herculano considerava profundamente depravada a sociedade que criou e fez crescer a inquisição, já que alguém lhe atribuiu o rótulo depreciativo, ou talvez não, de **Judeu**, em parte responsabilidade de Jaime Cortesão (1884-1960) quando designa «**Igreja dos martires triunfando sobre a Sinagoga**» o painel que o integra. Refiro-me a uma figura que nos esquemas do livro de Paula Freitas e Maria de Jesus Gonçalves: PAINEIS DE S. VICENTE DE FORA. UMA QUESTÃO INÚTIL? 1987, é referida com o número 59 e rotulada de **Judeu** por Joaquim de Vasconcelos, José de Figueiredo, José Saraiva, José de Bragança, Jacome Correia, Henrique Loureiro e Jaime Cortesão, entre outros, depois de valorizarem o porte, o vestuário, a insígnia e o livro com caracteres aparentemente indecifráveis mas tal tese torna-se insustentável perante sinais que na mesma época identificavam etnias de subscritores de documentos como o

PAINEL DA RELÍQUIA com Mestre Martinho (?) e fragmentos do LYRO DA REPARTIÇOM DA FRUYTA que Repartio Joham Serodeo/ escudeiro dos dinheiros que o conçelho Reçebeo de Ruy ujeira/ que a ele foram Entregues, a quall se ha de pagar por sam/ çibrâao da Era iiijl anos, E foi pello Joham/serodeo repartida p gujssa se ao djante segue(...) Xj dias do mes/de feuereiro da Era sobre dita.

LYURO DA REPARTIÇOM DA FRUYTA QUE REPARTIO JOHAM SERODEO ESCUDEIRO DOS DINHEIROS QUE O CONÇELHO (de Loulé) RECEBEU... em 1412 apresentado por Alberto Iria em DESCOBRIMENTOS PORTUGUESES, volume II, tomo I, O ALGARVE E OS DESCOBRIMENTOS, 1956, página 389 e documento nº 12 fora do texto, «**com assinaturas autografas dos referidos cristãos, mouros e judeus**», publicadas em primeira mão e mostrando claramente a existência de uma signalética de referência que ou não era conhecida ou então não terá sido suficientemente valorizada pelos admiradores dos Paineis de S. Vicente de Fora. Nestes Documentos Cruzes de Cristo e Cruzes latinas assinalam assinaturas de cristãos, estrêlas de David ou de Salamão identificam judeus e o sinal resultante do cruzamento de três barras, tal como aquele que se encontra sobre o peito da personalidade que agora nos interessa, no painel da Relíquia, apenas apontará para o continente africano, para terra de Mouros. Essa Figura, vestida e com a cabeça coberta de acordo com a posição e a dignidade do médico nesta época, encontra-se acompanhada por um homem do povo e por dois religiosos, sendo o plano mais anterior do quadro ocupado por um alto dignitário da Igreja paramentado de vermelho, como seria apropriado em festa de Santos Mártires, de joelhos, donatário, expondo com suas mãos um osso humano occipital e existem razões para pensarmos que estes paineis se relacionem simultâneamente com eventos do tempo de Afonso Henriques e com o desastre de Tanger em 1437. Para a identificação da relíquia é útil a passagem «... *sacros cineres, et ligna sepulcri, et partem teste capitais...* » PORTUGALIAE MONUMENTA HISTORICA, SCRIPTORES páginas 95-101, referida por Jaime Cortesão, o Promontório Sagrado, o martírio de S. Vicente e os despojos que Afonso Henriques mandou trazer de

Sagres para Lisboa, mas para a explicação do enigma da identificação das figuras tem sido injustamente esquecido o TRAUTADO DA VIDA E FEITOS DO MUITO VIRTUOSO INFANTE DÕ FERNANDO, de Frei João Alvares, secretário do Infante e Dom Abade de Paço de Sousa, identificado na figura de vermelho por José de Bragança. Aceitando-se como pacífica esta identificação, não custará admitir que os **quatro martires** sejam **Mestre Martinho**, físico do Infante prisioneiro em Fez, Joham de Lima depois referido Luna por erro do copista, homem do forno, com a pá, Fernão Gil, guarda roupa e João Lourenço, «apousentador», ao lado do caixão que a todos coube em sorte doze dias depois de 5 de Junho de 1443, dia da morte do Infante D. Fernando.

Mestre Martinho, figura representada no painel da relíquia, que não pertenceria à etnia hebraica, era filho de Fernão Lopes, o maior historiador português de sempre; poderia ser parente de Diogo Lopes Pacheco que fora um dos responsáveis pela morte de Leonor Teles e tinha um filho Fernão Lopes; não sabemos que estudos teria, provavelmente estudou Medicina na Universidade de Lisboa restaurada por D. João I, mudada em 12 de Outubro de 1431 de uma antiga casa da moeda junto às portas de Santa Cruz, para umas casas adquiridas pelo Infante D. Henrique na freguesia de S. Tomé, com espaço para o ensino das sete Artes Liberais (Gramática, Lógica, Retórica, **Aritmética**, Música, **Geometria** e **Astrologia**), da **Medicina**, da Teologia, Decretais e Leis, estando a sala reservada ao ensino da Medicina assinalada com uma pintura que representava Galeno. Sabemos que Mestre Martinho acompanhou o seu doente até ao fim e que o acompanhou na morte, numa morte quadrupla e muito estranha (renuncia?, suicídio?, assassínio?, execução?, nada foi esclarecido...). Nessa época haveria um único professor de

Medicina, desconhece-se o seu nome e etnia, não sabemos quem eram os alunos nem como assistiam às aulas, não sabemos se os alunos acompanhavam o mestre nas visitas, sabemos sim que em alternativa aos estudos médicos na Universidade se poderia obter licença para o exercício da arte de Física depois de algum tempo de prática junto de um mestre e após prestação de provas perante o Físico Mor.

A personalidade de Mestre Martinho, exemplo de um médico português na fase inicial da expansão marítima, merece alguma reflecção e muito mais do que a simpatia de uma evocação fugaz. Não sabemos como ouvia os seus doentes, como os inquiria, o que lhes receitava, o que lhes proibia. Tanto quanto sei, não praticava a cura das enfermidades corpóreas pela operação manual, ainda que, com Galeno (130-200), entendesse que a Medicina era composta de Dietética, Cirurgia e Farmácia. Na verdade, de acordo com Frei João Alvares, quando o Infante foi levado para Fez, além de mestre Martinho, seu físico, foi acompanhado, entre outras pessoas por «**mestre Josep, judeu, celorgiom, que levava carta de seguro de Çala bem Çala pera se logo tornar**». Quando o Infante morreu, os carcereiros ordenaram a abertura do corpo para que lhe fossem retiradas «**as tripas e quanto dentro tever**» e que fosse cheio de «**sal e de murta e de louro seco**», tendo encontrado uma firme recusa dos portugueses até que «**trouveram huu christãao natural de Beja, que o abriu e coseo. E eles tomaram e poserom em guarda as tripas e todo o que dele saíu**», «**as tripas e a fresura com o coraçom, todo como o tinham guardado, em hua grande panela de barro, e a bandouva, com todo o que trazia, em outra, e todo foy muy bem salgado**», sem dúvida documento de excepcional importância para a história de Anatomia

Portuguesa, mas sem intervenção de mestre Martinho, figura mítica que acompanha o seu doente e o segue na morte sem uma queixa, sem um protesto.

Figura marcante da Medicina Europeia desta época foi o português **Vasco de Taranta**, **Valesco**, provavelmente nascido em Lisboa, que em 1382 estava em Montpellier e em 1401 escreverá um TRACTATUS DE EPIDEMIA ET PESTIS, seguido em 1418 do **PHILONIUM**, PRACTICA SIVE PHILONIUM PHARMACEUTICUM ET CHIRURGICUM DE MEDENDIS OMNIBUS CUM INTERNUS TUM EXTERNUS HUMANI CORPORIS AFFECTIBUS, um marco miliário na longa estrada do progresso médico a clamar por edição crítica numa língua viva.

3. ESTA GENTE

«O mar não é tão fundo que me tire a vida
Nem há tão larga rua que me leve a morte».
Jorge de Sena: Cantiga de Ceilão, SB, 24/3/74

    Na ponta mais ocidental da Europa, aqui onde em 1992 ainda existe a mais longa pista de Dinosauros conhecida, no País que somos, onde as fronteiras têm mais de oito séculos de História, convergiram gentes de remotas e desencontradas origens desde os alvores da Humanidade e são numerosos os vestígios de antiquíssimas culturas, desde há quinhentos mil anos, passando pela entrada triunfal do Homo sapiens, há cinquenta mil anos. Povos africanos e povos originários dos confins da Europa e de mais além, gentes de regiões ribeirinhas do mar, do norte e do sul, chegaram, instalaram-se, são passado. Povos Celtas vieram por terra, Fenícios, Gregos e Cartagineses tocaram o litoral atlântico. Os Romanos invadiram a Península Ibérica em 218 antes da nossa Era, criaram uma divisão administrativa, impuseram o uso do Latim como lingua oficial, ergueram cidades e estações termais, construiram estradas, trouxeram com eles a Religião Cristã e a maneira de contar o tempo pelo Calendário Juliano que irá manter-se em uso até que D. João I determina a sua substituição pela Era de

Cristo em 22 de Agosto de 1442, por sua vez aperfeiçoada com o Calendário Gregoriano imposto pelo Papa Gregório XIII através da Bula INTER GRAVISSIMAS de 24 de Fevereiro de 1582, trinta e oito anos menos que na contagem de acordo com a Era hispânica.

    Depois dos Romanos vieram os Vândalos e Suevos em 409, chegaram os Visigodos em 516 e povos Normandos assolaram as costas. Em 711, Mouros atravessam o Mediterrâneo no estreito entre as Colunas de Hércules, junto ao monte que passou a chamar-se de Tarik e dois anos depois toda a «Jangada de pedra» da Ibéria se encontra ocupada, com excepção de pequenas bolsas de resistência nas montanhas do norte. Em 868 Portucale, **Portugal**, é uma terra livre na foz do rio Douro que trabalhosamente cimenta com sangue as suas raízes, se expande, resiste, ataca os invasores que chegam do norte de África e aumenta um património territorial que em 1064 irá de Braga a Coimbra. Em 1143 a independência portuguesa é imposta aos territórios vizinhos e é sancionada em 1179 pela autoridade espiritual da Europa, o Papa de Roma, Alexandre III e as actuais fronteiras portuguesas foram finalmente estabelecidas em 1249 depois da conquista da cidade algarvia de Faro. Todo este longo percurso foi sempre pontuado com privações e lutas desmedidas, com exílios, sevícias e prisões, por vezes chegou a ser ensombreado com o fumo acre de fogueiras, e foi sempre doloroso, como um inacabado nascer de criança, quantas vezes exigido o sacríficio da própria vida. «**Esta gente cujo rosto / Às vezes luminoso / E outras vezes tosco // Ora me lembra escravos / Ora me lembra reis // (...) gente que tem // O rosto desenhado / Por paciência e fome / ... gente / Ignorada e pisada ... (em) ... busca / Dum país liberto / Duma vida limpa / E dum tempo justo**». (Sofia de Mello Breyner: GRADES, 1970, páginas 57).

PEDRO HISPANO PORTUGALENSE

Pedro Julião Rebolo (1200-1277), Bispo de Tusculum (hoje Frascati), Cardeal da Santa Igreja, sucessor de Hadrianum V em 15 de Setembro de 1276 como Papa João XXI, médico e professor universitário, sabia filosofia, psicologia, ciências da natureza, lógica, medicina, oftalmologia, farmácia e outras matérias, e escreveu: DE ANIMA, SUMMULAE LOGICALES em doze volumes, LIBER DE CONSERVANDA SANITATE, THESAURUS PAUPERUM, DE OCULO, ...

Realidade e mito marcaram a vida e a obra deste papa português, provavelmente nascido em Lisboa, cidadão da Europa, arbitro das querelas entre os povos do Mundo conhecido de então. Terá estudado na sua terra de origem onde aprendeu alguma coisa de Medicina, junto de alguém que teria livros e praticava a arte de curar, rumando depois a Paris onde ensina Aristóteles de 1247 a 1252 e segue para Siena, onde irá ensinar Medicina. No período compreendido entre 1250 e 1259 ocupa cargos na hierarquia religiosa portuguesa, desde diácono em Lisboa, a arquidiácono em Braga; em 5 de Julho de 1259 encontra-se em Montpellier, França e em 1261 será médico do cardeal Ottobono Fieschi, futuro Papa Adriano V, passando em 1268 a arquiatra do Papa Gregório X. Eleito arcebispo de Braga em 1273, no ano seguinte dirige a Colegiada de Santa Maria de Guimarães. Indigitado bispo de Tusculum e nomeado cardeal em 1274, assistiu ao concílio de Lyon. Em 13 (?) de setembro de 1276 foi eleito Papa e atingiu o fim dos seus dias em circunstâncias estranhas em 20 de Maio de 1277, sucedendo-lhe no governo da Igreja o cardeal Giovanni Gaetano Orsini, Papa Nicolau III. Durante os profícuos oito meses do seu curto papado, o Papa português, que soubera ser médico e cidadão do mundo, segurou com ambas as mãos e com grande eficácia os fios condutores da arbitragem dos conflitos que opunham entre si o rei da França Filipe III e Afonso X de Castela, o arquiduque Rudolfo de Habsburg e o principe Carlos de Anjou. Promoveu a unidade dos cristãos e desenvolveu negociações com a Igreja Grega. Ordenou ao arcebispo de Paris a interdição do ensino de algumas proposições aristotélicas e impediu que molestassem Roger Bacon (1214-1292) ... Ao morrer, diz-se que repetia com insistência: «Onde está o meu livro? Quem acabará o meu livro? – **Quied fiet de libello meo? Quis complebit libellum meum?**»

Pedro Julião Rebolo nasceu numa época em que o ensino se fazia à sombra das grandes catedrais, Colegiada de Guimarães, Coimbra, Braga e Lisboa, em mosteiros como Santa Cruz de Coimbra, S. Vicente de Fora em Lisboa, Alcobaça. A tradição de um ensino em Coimbra vinha da reconquista da cidade em 1064, o convento de Santa Cruz fora fundado em 1130 e o rei D. Sancho I facilitara o envio a Paris de bolseiros desta instituição. Um dos bolseiros, D. Mendo Dias, ensinou Medicina. No mosteiro de Santa Cruz formou-se Fernando de Bulhões, imortalizado como Santo António de Lisboa e de Pádua e é provável que lá tenha estudado medicina Gil de Valadares, filho do alcaide de Coimbra, mais tarde celebrizado como S. Frei Gil de Santarém. A Universidade medieval portuguesa terá início não oficial em Lisboa, em Novembro de 1288, será apoiada por D. Dinis em 1 de Março de 1290 e finalmente terá a aprovação do Papa Nicolau IV em 9 de Agosto do mesmo ano.

Até há poucos anos os programas de Filosofia do ensino liceal desenvolviam um programa de Lógica que incluia as regras dos silogismos e as célebres mnemónicas de Pedro Hispano Portugalense, causadoras de reprovações e dores de cabeça antes do advento dos joguinhos de computador, pois se julgava que um pensamento lógico e bem articulado estaria dependente de **BARBARA, CELARENT, BARII, FERIO, BARALIPTON, CELANTES, DABITIS, FAPESMO, FRISESMO, CESARE,**...

A contribuição de Pedro Hispano para a Medicina em geral e para a oftalmologia em particular ajudou a melhor definir o estado da Arte, apontando sempre para a importância da pessoa do doente, que é necessário bem compreender antes de medicar.

O THESAURUS PAUPERUM, enciclopédia de divulgação médica, foi consultado durante séculos e após a invenção da imprensa foi editado em Antwerp, 1497, Lyon, 1525, 1530, Frankfurt, 1567, 1575, 1576, 1578, Paris, 1577...

O livrinho DE OCULO recolhe ensinamentos de Constantino Africano (1010-1087) autor de um LIBER DE OCULIS e de Zachariah de Salerno (século XI), autor do LIBER OCULORUM.

O DE CONSERVANDA SANITATIS, contém princípios de Higiéne ...

Pedro Hispano teve muitos inimigos, possivelmente do mesmo tipo daqueles que perseguiram Roger Bacon e que mais tarde inventarão a inquisição e as fogueiras, gente incapaz de domar certas células nervosas que transportam em si, *«portadoras de instintos crueles, legado de la más remota animalidade y creados durante períodos geológicos de duro batallar contra la vida ajena»* como diria Santiago Ramon y Cajal (Vaticinios de 1915 en torno a la Guerra). Até à morte considerou-se português, Hispano e Português. Repousa no Paraiso. Foi lá colocado por Dante Alighieri (1265-1335): «**e Pietro Hispano / lo qual gia luce in dodice libeli**» (La Divina Commedia, Paradiso, XII).

ISABEL DE ARAGÃO

D. Isabel (1271-1336), filha de Pedro III de Aragão, casou com o rei D. Dinis (1261-1325) e teve uma intervenção muito positiva na vida portuguesa, sabendo arbitrar com inteligência confrontos entre D. Dinis e seu herdeiro Afonso IV e entre este e os irmãos, contribuindo, em suma, para uma maior tranquilidade e melhor vida das populações que a não esquecem. Com D. Dinis, escreveu Camões, «... *o reino prospero florece /.../ Em constituições, leis & costumes; / Na terra já tranquilla claros lumes. // Fez primeiro em Coimbra exercitarse / O valeroso officio de Minerua; / ... // Nobres villas de nouo edificou, / .../ E quasi o reino todo reformou / ...*» (Os Lvsiadas, 1572, III, 96-98).

Isabel ainda era parente de Isabel de Hungria, viúva de um landgrave da Turíngia, falecida em 1231 com fama de ter realizado um milagre das rosas. De Isabel de Portugal recorda-se o gesto sem explicação lógica da transformação de pão em rosas.

O livro HISTORIA DEL MEDICAMENTO, 1984, de Diego Gracia Guillén e outros apresenta na página 93, figura 97, a reprodução de uma bonita gravura com uma roseira e uma dama com uma abada de rosas a oferecer duas destas flores a um cavalheiro, tendo como indicação de proveniência um TACUINUM SANITATIS, fol. 83, de Paris, e a legenda: «*el texto dice: Rosas, Naturaleza: fria en primer grado y seca en tercero. Eleccion: las frescas de Suni y de Persia. Utilidad: buena en la inflamacion cerebral...*».

No «VENIMECUM» de Petri de Bayro, edição de 1689, Coimbra, na página 24: «*Si materia est sanguinea, aut multum sanguini admista, tunc post ventris lenitionem (si expediat) fiat phlebotomia, quae sola saepissime curat*» e, na página 36, capítulo VI, DE PHRENESI, para tratamento desta grave perturbação são indicadas a flebotomia da cefálica, purgas, fricções das mãos e das plantas dos pés com azeite e sal e várias outras medidas igualmente heróicas, nomeadamente um «*electuario de succo rosarum*».

Segundo as concepções médicas dominantes na época, um electuário de rosas seria muito provavelmente a única medicação que um rei «que fez tudo quanto quiz» poderia aceitar, as delícias do mel e as virtudes da rosa.

D. DUARTE

D. Duarte (1391-1438) assumiu a chefia do estado português em 1433, após uma dolorosa experiência governativa prévia quando tinha 22 anos, quando se sentia inseguro e estava «**doente do humor menencórico**» que só passará com a morte da mãe. D'. Duarte chamará a atenção para a dificuldade em se assumirem responsabilidades governativas quando se carrega o que após **Sigmund Freud** (1856-1939) se poderá rotular de Complexo de Edipo e, com lucidez, descreve sintomas e regista o momento exacto da cura. Mais perto de nós será exemplo de uma situação destas Salazar, quinto e único filho varão que ao contrário de D. Duarte não demonstrará qualquer admiração pelo pai, ao ser designado ministro das finanças em 3 de Junho de 1926, tomando posse no dia 12 para abandonar funções em 17 do mesmo mês para só voltar a assumir responsabilidades governativas, **de vez**, após a morte de sua mãe (17 de Novembro de 1926), em 27 de Abril de 1928.

« **Não foy do Rey Duarte tão ditoso / O tempo que ficou na summa alteza**» escreveu Camões (Os Lvsiadas, IV,

51), querendo significar os muitos problemas surgidos com a fase inicial da expansão e o desastre de Tanger em 1437, que felizmente não impediram este rei de escrever sobre as suas leituras, a experiência de si próprio e o seu conhecimento do mundo. Justamente célebre o **LEAL CONSELHEIRO, O QUAL FEZ DOM EDUARTE, REY DE PORTUGAL E DO ALGARVE E SENHOR DE CEPTA**, consagra o **Capítulo XIX** à descrição **DA MANEIRA QUE FUI DOENTE DO HUMOR MENENCORICO, E DELE GUARECI**, *«porquanto sei que muitos foram, são, e ao diante serão tocados deste pecado de tristeza que procede da vontade desconcertada, que ao presente chamam em os mais dos casos doença de humor menencórico, do qual dizem os físicos que vem de muitas maneiras por fundamentos e sentidos desvairados, mais de três anos continuados fui dele muito sentido, e por especial mercê de Nosso Senhor Deus houve perfeita saúde».* Menencórico ou merencórico, melancólico, como hoje se diz, correspondeu à fase da vida de D. Duarte em que seu pai, indo conquistar Ceuta, lhe entregou a governação do reino. Tinha 22 anos de idade e um alto sentido das suas novas responsabilidades, estudou com afinco, levantava-se muito cedo e trabalhava pela noite dentro, não tinha tempo para divertimentos e com tudo isto reconhece que *«filhei por grande pena não poder no coração sentir algum direito sentimento de boa folgança. E com isto a tristeza me começou de crescer, não com certo fundamento, mas de qualquer cousa que aso se desse, ou dalgumas fantasias sem razão. (...)* ***E um dia me deu grande sentimento em uma perna, e me fez tal dor com quentura, que me pôs em grande alteração.*** *(...) **recobrei a saúde, mas filhei um tão rijo pensamento com receio de morte, ...(...) com físicos, confessores e amigos falava, e não prestava cousa. Ca dos remédios, das curas, não sentia***

***vantagem.** (...) ... os conselhos dalguns físicos, que me diziam que bebesse vinho pouco aguado, dormisse com mulher, e deixasse poucos cuidados, todos desprezei,... (...) Em esta grande doença durei o tempo suso escrito calando-me com ela... (...)* **E estando em tal estado, a muito virtuosa Rainha, minha senhora e madre, que Deus haja, de pestilência se finou.... E questo foi começo de minha cura.** *(...) e dali avante eu fui assim perfeitamente são».*

4. OS MÉDICOS E O MAR

«É a hora em que a terra não gira.
Em que o vento não corre.
É o tempo do homem descobrir o mundo.»
José Carlos Ary dos Santos: A
Liturgia do Sangue, 1963

«*E anche molta ammirazione prendevano dell'artificio del nostro navilio, e degli apparecchi di quello, e dell'arbore, vele, sartie e ancore; e pensavano che* **gli occhi che si fanno a prora alli navilj**, *fussero veramente occhi che'l navilio per quelli vedesse dov'egli andava per mare: e dicevano che noi eravamo grandi incantatori, e quasi comparabili al diavolo.... E questo pareva a loro esser cosi,* **perchè non intendono l'arte del navigare, della bussola e della carta**»
Alvise da Ca'da Mosto: LA PRIMA NAVIGAZIONE, 1455, XXXII.

A compilação PAESI NUOVAMENTE RETROVATI ET NOVO MONDO DA ALBERICO VESPUTIO FLORENTINO INTITULATO, 1507, no proémio da Primeira Navegação de **Alvise da Ca'da Mosto**, regista que «*il primo inventore di far navigare a' tempi nostri questa parte del mare*

Oceano verso mezodì, è stato lo illustre signor Infante don Enrico do Portugallo, figliuolo che fu dell' Infante don Giovanni e di Portogallo e di Algarbes, primo di questo nome: il quale ancorchè degli studj suoi nelle scienze delli corsi de'cieli, e di astrologia grandemente si possa laudarlo, nondimento di tutto me ne passo», o qual grandemente se possa louvar pelos seus estudos nas ciências dos movimentos celestes e da astrologia (Citado em João Martins da Silva Marques: DESCOBRIMENTOS PORTUGUESES, suplemento ao volume I, 1944, p. 165). Luís de Cadamosto navegava à vista de terra, utilizava a bússula e a carta de marear, e continuar-se-á assim desde 1455 até 1485, data em que D. João II enviou uma missão científica aos mares da Guiné com a incumbência de aperfeiçoar o astrolábio e elaborar o respectivo regimento. Essa missão foi formada por dois médicos, nada se sabe do que fizeram no campo da Medicina, sabe-se que tiveram exito no trabalho experimental que o rei lhes atribuiu. E sendo estes Homens médicos de formação, será justo que assim os recordemos, até porque foi o aperfeiçoamento dos métodos de medida o principal motor da revolução Fisiológica que marcará toda a Medicina das épocas seguintes, porém, paradoxalmente, ou talvez não, havendo médicos que dedicaram toda a sua vida ao estudo dos Descobrimentos, casos de **Sousa Viterbo** (1845-1900) e **Jaime Cortesão** (1884-1960), é estranho que não tenham dado maior enfase a esta matéria e o mesmo continua a notar-se em 1990 na magnífica síntese OS GRANDES DESCOBRIMENTOS PORTUGUESES E A EXPANSÃO MUNDIAL DA EUROPA do professor jubilado da Faculdade de Medicina de Lisboa **Fernando Nogueira**. Dir-se-á que foi entre os médicos que o Infante das Descobertas e os seus continuadores encontraram quem os ajudou a resolver grande número de problemas teóricos e a idealizar os instrumentos práticos exigidos pela navegação sem terra à vista.

São elucidativas algumas passagens de **Luís de Albuquerque** (1918-1992):«... *a Universidade nunca se interessou pela Astronomia até final do primeiro quartel do século XVI, (e a prova) está no facto de D. Manuel ter decidido criar, à margem dela, um curso dedicado a essa disciplina, e de, à falta de professor capaz de se encarregar da tarefa, nomear para regerem sucessivamente dois médicos, mestre **Filipe** e mestre **Torres**, este muito ridicularizado no «Auto do(s) Físicos» de Gil Vicente. A avaliar pelo comportamento deste «físico», e não só por isso, estou em crer que a Astronomia de mais interesse para D. Manuel era, na verdade, a Astrologia – duas práticas que Pedro Nunes separava distintamente, honra lhe seja, chamando à segunda «superstição quase rejeitada»; quase o mesmo dissera muito antes dele, no século VI, Santo Isidoro nas suas bem conhecidas **Etimologias** (o mesmo Santo Isidoro que aparece bisarramente substituido por Santo Isidro – creio que patrono dos lavradores – em um dos painéis de Almada no átrio do departamento de Matemática da Universidade de Coimbra...)* – *DÚVIDAS E CERTEZAS NA HISTÓRIA DOS DESCOBRIMENTOS PORTUGUESES*, 1ª Parte, 1990, página 24, conjuntamente com a 2ª Parte publicada em 1991 os últimos livros que Luís de Albuquerque publicou em vida, testamento moral e quase derradeiro pulsar de um coração que muito amou Portugal e a sua Universidade de Coimbra, uma Escola que não está acima de críticas, que pode ser melhor. E, com a mesma galhardia com que na sua primeira aula, na velha sala dos Desenhos ao lado da escadaria da Sé Nova se prestava a ser «toureado», para o que se apresentou, a propósito, com umas ceroulas rendadas da avózinha apertadas com uns laços vermelhos por baixo do joelho e algibeiras repletas de rebuçados que distribuiu pela multidão, continua: «*Retomando o fio à meada podemos dizer que quanto a sábios na corte henriquina (para além do cartógrafo Jaime, subitamente promovido a sábio) parece que temos conversado. É verdade que o laborioso Sousa Viterbo, vasculhando documentação antiga, pôde afirmar num escrito pouco conhecido, que cinco médicos serviram na corte de D. Henrique, sobressaindo entre eles um certo Guedelha; mas tanto quanto me lembro nunca lhes chamou sábios, e com razão, porque quem conheça um pouco sobre o modo como era exercida a profissão de médico nesse tempo, não desconhece que a bagagem de um clínico medieval ia pouco além de leituras de Dioscórides e de Galeno, a que talvez juntasse um ou outro tratado médico avulso, sem excluir a possibilidade de algum deles ser da autoria do português Pedro Hispano (que foi Papa João XXI – quando, se não tivesse havido erro de contas – era o Papa João XXII); para além disso, e sobretudo, muita Astrologia.*», Obra referida, 1ª parte, pp. 24 e 25; na segunda parte deste trabalho, páginas 44 e 45, fala da impossibilidade de observação da Polar nas baixas latitudes do hemisfério norte, na necessidade de se desenvolverem novos métodos de orientação e escreve: «*Ora desde o século IX, pelo menos, que corriam, em textos de vários tipos (tratados sobre a construção do astrolábio, por exemplo), regras que ensinavam a inferir uma latitude da observação da altura meridiana do sol. Com uma deficiência – a das regras não atenderem, em geral, a todos os casos possíveis; e uma exigência complementar – a de se conhecer a declinação do Sol no dia da observação.*

Quanto à exigência, respondiam-lhe algumas tábuas solares, embora nem todas as tábuas medievais do astro indicassem aquelas coordenadas astronómicas; algumas o faziam, porém e, na ausência delas, existiam processos gráficos para se chegar ao conhecimento das declinações. Não entrarei por agora em pormenores, mas devo dizer que foram preparadas tábuas náuticas em que se passaram a ler directamente os valores das declinações a partir do **Almanach Perpetuum** *de* **Abraão Zacuto**, *calculado quando o seu autor vivia ainda em Salamanca, e que foi impresso em Leiria no ano de 1496, em duas tiragens distintas; no momento desta edição Zacuto vivia em Portugal, e para a versão latina do seu livro (o original estava escrito em hebraico), com a segunda tiragem incluindo as notas explicativas iniciais em castelhano, foi auxiliado pelo também astrólogo e médico judeu José Vizinho, que nasceu em Portugal ou aqui se havia radicado há muitos anos.*

O estudo das deficiências das regras coube a mestre Diogo (provavelmente) e ao mesmo Vizinho (seguramente); são os nomes, como se viu, dados por João de Barros» — Há aqui um lapso. Citei na página 12 esta passagem das DECADAS, I, IV, Cap. II, referente a mestre Rodrigo e mestre Josepe, desdobrados na página 72 da 2ª parte das DÚVIDAS E CERTEZAS em José, Diogo e Vizinho....

«(...) ... *em 1485 mestre José Vizinho (foi) enviado a mares da Guiné para ensaiar o texto*; (leia-se «tábuas nauticas»).
... **A partir dessa viagem experimental de José Vizinho não oferece dúvidas que a determinação de latitudes pelo sol em nautica passou a ser uma prática corrente.**»

Mestre Rodrigo e Mestre Josepe estudaram nos mares da Guiné, em 1485, a altura do Sol servindo-se de uns astrolábios de pau e os seus estudos podem ter aproveitado a Cristóvão Colom na viagem de 1492, depois de terem servido para comprovar a exactidão dos cálculos feitos por Abraão Zacuto na elaboração do ALMANACH PERPETUUM COELESTIUM MOTUM, 1478, referenciado a 1473.

Abraão Zacuto, Raby Abrahão, Abraham bar Samuel bar Zacut, pai de Diogo Rodrigues, avô do médico Zacuto Lusitano (1575-1642), expulso da sua «pátria» Salamanca em 1492 pelo casal real Fernando e Isabel, foi «estrólico« e matemático dos reis D. João II (1481-1495) e D. Manuel (1469-1521). D. Manuel em 29 de Outubro de 1518 «mandou que houvesse Cadeira de Astronomia» na Universidade, então em Lisboa, *«da qual fez mercê a M. e Felippe de Profição Medico com 8$ de ordenado, e lhe sucedeo nesta Cadeira o B. el Thomaz de Torres tão bem Medico de que tomou posse em 19 de Outubro de 1521 e a leo athé a Universidade ser mudada para Coimbra.»* (MEMÓRIAS da Universidade de Coimbra ordenadas por Francisco Carneiro de Figueiroa).

Conhecido o Regimento da Estrela do Norte e melhor estudado o Regimento da Declinação do Sol, era necessário dispor de um Regimento que, no hemisfério sul, possibilitasse a orientação pelas estrelas. Para tal tarefa foi igualmente encarregado um médico, *«o bacherel* **mestre Johã** *fisico e çirurgyano»*, «***Johanes*** *artium et medicine bachalarius»*, que em carta *«fecha en vera crus a* **primero de majo de 500**» diz ao rei D. Manuel que *«pera la mar mejor es rregyr se por el altura del sol que non por nyngunas estrella e* **mejor com estrolabjo** *que non con quadrante njn con otro njngud estrumento»* nomeadamente as «***tablas de la Jndya***», o «Kamal» que um certo Malemo Canaca, um mestre astrólogo que poderia ser ou não o célebre **Ahmad Ibn Madjid**, teria dado a conhecer a Vasco da Gama na primeira viagem à India em 1497-1499. Mestre João acabava de chegar ao Brasil, resume as suas observações e depois dará conta da sua mais importante missão: descobrira, ou pelo menos confirmara a existência da Cruz do Sul e representava gráficamente, pela primeira vez, um conjunto de estrelas perfeitamente identificáveis nos mapas estelares dos nossos dias: «*estas guardas nunca se esconden antes syenpre andan en de rredor sobre el orizonte. e avn esto dudoso que non se qual de aquellas dos mas baxas sea el polo antartyco e estas estrellas prinçipalmente las de la crus son grandes casy como las del carro. e la estrella del polo antartyco o sul es pequena...*»

    Sousa Viterbo descobriu na Real Biblioteca da Ajuda um manuscrito com o título: LLA GEOGRAFIA J COSMOGRAFIA DE POMPONIO MELA COSMOGRAFO, PASADA DE LATIN EN ROMANCE POR **MESTRE JOAN FARAS** BACHILLER EM ARTES E EM MEDEÇINA FISICO J SOROGIANO DEL MUY ALTO REY DE PORTUGAL DOM MANUEL muito provavelmente o mesmo que seguiu na armada de Pedro Alvares Cabral e que chegou doente ao Brasil por «cabsa de vna pyerna que tengo muj mala que de vna cosadura se me ha fecho vna chaga mayor que la palma de la mano».

    Mas no virar do século XV para o século XVI, além de médicos que desenvolviam investigações no mar, outros havia que estudavam em terra ou que percorriam o continente europeu. Exemplo destes últimos é «O doutor martím lopez subdíto, e serujudor» de D. Manuel que em 1 de Fevereiro de 1500 escreve de Itália a oferecer-se para relatar a sua experiência de nove anos passados em viagens pela Alemanha, Eslavónia, Boémia, Hungria, Polónia, Rússia, Turquia, Tartária, Negro, Lapónia, Oceano Arctico, Noruega, Islândia, Suécia, Livónia, Lituânia e Roma. Na época, ponta de lança da expansão mundial da Europa, empurrado mar a dentro, Portugal não podia ter sonhos europeus e os seus projectos eram balizados pelo Tratado de Tordesilhas assinado com o resto de Espanha em 7 de Junho de 1494. No século XVIII **António Nunes**

Ribeiro Sanches (1699-1783), quando permaneceu no exército da Rússia, entre 1737 e 1747, para o esclarecimento do problema da origem da sifilis, promoverá ligações epistolares entre a Europa e a China atravez da Sibéria, com **Jacob de Castro Sarmento** (1691-1762) que estava em Londres e o 3º Bispo de Peking **Polycarpo de Sousa**. (C. R. Boxer: A NOTE ON THE INTERACTION OF PORTUGUESE AND CHINESE MEDICINE AT MACAU AND PEKING, in: ESTUDOS PARA A HISTÓRIA DE MACAU, vol. I, 1991, Páginas 155-169).

PEDRO NUNES

Pedro Nunes (1502-1578) nasceu em Alcacer do Sal, obteve em Salamanca o grau de bacharel em Medicina por volta de 1526 e atinge a licenciatura em Lisboa em 1532. Seu neto Pedro Nunes Pereira, perseguido pela Inquisição em 1632, dirá que o avô, «**estando lendo uma cadeira na universidade,** (em Salamanca) **o mandou chamar por cartas suas el-rei D. João III**» em 1527 e nós acrescentamos que, muito provavelmente, terá sido chamado para prestar assistência médica à rainha D. Catarina que no ano anterior tivera um aborto, sendo bem sucedida em 15 de Outubro de 1527 no parto da Infanta D. Maria. A partir daqui terá o encargo de orientar os estudos do Infante D. Luiz e dos companheiros de estudo que D. João III destinou a este príncipe, D. João de Castro e Martim Afonso de Sousa e será professor de Matemática do cardeal D. Henrique. Em 4 de Dezembro de 1529 está professor do Curso de Artes da Universidade então em Lisboa, onde se faziam estudos preparatórios para a entrada no Curso de Medicina.

Em 1529-30 e 1530-31 os profesores do Curso de Artes são **Pedro Nunes**, **Garcia de Orta** (1500-1568) e **Luís Nunes**

(?1510-1570). Volta a Salamanca em Maio de 1532 e faz prova de conclusão do curso médico. Em 1537 era reitor em Lisboa a quando da transferência da Universidade para Coimbra no mês de Março e teria estado de acordo com os seus colegas no professorado quando pediram ao rei para fundar uma nova universidade, sem destruir antiga.

De acordo com as MEMÓRIAS DA UNIVERSIDADE DE COIMBRA ordenadas pelo reitor Francisco Carneiro de Figueiroa (1662-1744) e publicadas por ordem da Universidade em 1937, após a transferência para Coimbra, sob a orientação do reitor dom Garcia de Almeida, filho ilegítimo que numa reedição desta matéria feita em 1990 passou a «bastardo», foi encarregado de ensinar «Medicina o Dr. Henrique Coelho, digo **Henrique de Coelhar** Portuguez». Em 1538, sendo reitor Dom Augustinho Ribeiro, que fora reitor em Lisboa em 1534-35, por carta de 16 de Janeiro, «ordenou ELRey... que a **Medicina se lesse tão bem nos Colégios de Santa Cruz** pela connexão que tinhão com as Artes», sendo a «Mathemática» e as outras matérias ensinadas nos paços de ELRey, generosamente colocados à disposição da Universidade até terem que ser comprados em 1592 por 30 000 cruzados a Filipe II, rei de Espanha desde 1556 e de Portugal entre 1581 e 1598. No reitorado de D. Agostinho foi nomeado lente de «Vespora de Medicina» o Dr. **Thomaz Rodrigues da Veiga** (1513-1579). «*Vierão mais para Lentes de Medicina António Barbosa (? -1540) e Luiz Nunes (? -1570), que nesta Universidade se fizerão Doutores. — E para ler Mathemática Pedro Nunes, hum dos mais doutos homens que houve nesta Sciencia naquelle tempo, e ainda no presente fazem os Professores della grande estimação das suas obras, era Medico de profissão, estudou na Universidade de Lisboa aonde tomou o gráo de Doutor naquella Faculdade, e foi Lente de Logica no anno de 1530 e nos dois de que se lhe* *passou Carta em 17 de Março de 1562; e porque tinha feito muitas faltas na Cadeira, porque ELRey o occupava muitas vezes no seu serviço, lhe fez ELRey D. Sebastião a mercê de que se lhe levassem em conta para a sua jubilação os trez annos de Philosophia que tinha lido em Lisboa, foi Mestre do Infante D. Luiz e Cosmografo Mór, e ainda era vivo no anno de 1575. —»*

Em 1543 é nomeado reitor Frei Diogo de Murça e no ano seguinte a Universidade substitui os seus Estatutos, datados de 1503, por outros, que se perderam, as faculdades são instaladas todas nos paços reais e é acrescentado o elenco dos professores de Medicina com os nomes do Dr. **Rodrigo de Reinoso** (? - 1557) lente de Prima que substituiu **Cuellar** (?-1544), **Francisco Franco** (?-1569) Valenciano, **Affonso Rodrigues de Guevara** (?-1581), de Granada, licenciado em Siguença, para Anatomia e Cirurgia e o Dr. **António Luiz** (?-1547) para ler duas lições em Grego, uma de Galeno e outra de Aristóteles. Em 1556 Tomaz Rodrigues da Veiga seria o único professor Medicina, português, em efectividade de funções, já que Luis Nunes emigrara para Antuerpia em 1544 onde publicará em 1545 o Dicionário do Nebrissense Elio António e assim, quando o Visitador Balthazar de Faria iniciou diligências para a elaboração de novos Estatutos e propôs que as cinco Faculdades elegessem cada uma **dois representantes** a quem «*pudesse conferir este negócio*», a representação de Medicina recaíu em «*o Dr. Thomaz Rodrigues, lente de Vespora e o Dr. Pedro Nunes, Lente de Mathematica e Cosmografo mór, e na de Artes os Mestres Ignacio de Moraes e Diogo de Gouveia*» sendo os novos Estatutos publicados em 1559 para depois desaparecerem e andarem perdidos até que Serafim Leite os descobriu e deu à estampa em 1963. Os **STATUTOS DA UNIVERSIDADE DE COIMBRA, 1559,** com coisas tão novas como o capítulo 36 em que se recomenda aos lentes para «*nas liçoins que lem não se poram a contar historias fora da materia da liçam em que gastem o tempo sem proveito, nen diram palavras descorteses contra algum lente ou contra outra pessoa alguma*», a forma como é feita a descrição das Cadeiras de Medicina no Cap. 29 «*Das cadeiras que hà-de haver e o que se hà-de ler nellas* – **Medicyna**» e no cap. 106 *Das leituras das cadeiras da Faculdade de* **Medicina** *que começa de prima*», e capítulos seguintes, pode sugerir a presença de dois relatores, mas apenas isso, pois não dispomos de quaisquer outros elementos que nos digam qual foi a colaboração que Pedro Nunes deu a Rodrigues da Veiga na elaboração destes «Statutos». De qualquer forma, parece ter participado na sua elaboração e isso não pode ser escamoteado. É certo que se não pode ser bom em tudo, mas se alguma coisa se fez bem nesta época, foi a preparação de médicos, que «**Portugal despachou pela Europa fora nos séculos XVI e XVII professores de medicina para as mais reputadas universidades do continente**, para a própria Itália no auge da renascença, e médicos cubiculários para as cortes estrangeiras», como dirá **Ricardo** de Almeida **Jorge** em CANHENHO DUM VAGAMUNDO, 1924, p. 33 e os Estatutos da Universidade foram o instrumento que regulamentou essa preparação.

    Nestes Estatutos, elaborados com a participação de Pedro Nunes, diz-se no cap. 29 – «De **Medicyna averá seis cadeyras**», **Prima, Vespora e Anatomia** que serão as maiores e **mais três**, uma depois da terça, a dantes de vespora e a de **Sirurgia** que será depois da de vespora.

    — No Cap. 106 e seguintes as cadeiras são assim nomeadas: **prima** de Medicina, que é de *Galeno*, cap. 107 De **Vespora**, que é de *Ipocrates*, Cap. 108 De **Terça**, que é de *Avicenna*,

Cap. 109 De **Nona**, antes de vespora, que é de *Galeno* e cap. 110 Da *Anathomia*, que inclui a **Sirurgia**, e, segundo o estipulado no Cap. 117 «o cathedratico de nothomia fará huma pratica de Serurgião à hora de terça, e à tarde, à hora em que faz a prática de Medicina; e irá à casa da pratica às horas de sua visitação; quando lhe parecer necessário que havendo algum caso, em que lhe pareça que ho **medico praticante** no tal tempo deva ser presente, lhe fará a saber para se achar presente.» Agora quem não terá tido grande participação nestes trabalhos, terá sido o credenciado professor de Anatomia **Alfonso Rodrigues de Guevara** que em 6 de Fevereiro de 1562 conseguirá autorização da rainha viúva D. Catarina para a construção de um **Teatro Anatomico** no **Hospital da Conceição**, na Praça Velha, hoje Casa Martas, que não concretiza e depois deve ter passado a «pasta» ao «médico praticante» e seguiu para Lisboa, indo ensinar Cirurgia no **Hospital de Todos os Santos**.

O Dr. **Pedro Nunes** desenvolveu uma actividade notável como investigador e escritor científico tendo escrito em 1533, em Évora, um regimento da altura do polo em tempo de sol, problema que igualmente interessou o médico **Manuel Lindo** que terminara o curso em Salamanca nesse mesmo ano e regressara a Portugal, concorrendo em 1534 a uma cadeira do Curso de Artes, em Lisboa, depois do que publicará em 1539 um LIVRO DE MARINHARIA.

Quando Martim Afonso de Sousa partiu para a India em 12 de Março de 1534, Pedro Nunes acabara de redigir um TRATADO DE CERTAS DUUIDAS DA NAVEGAÇAM e no final deste ano trabalhará no TRATADO EM DEFENSAM DA CARTA DE MAREAR, em que desenvolve o estudo dos «**rumbos**» e linhas loxodrómicas. Em 1537 publica o

TRATADO DA SPHERA, com os textos de Sacrobosco, Purbáquio e Ptolomeu, seguidos de dois tratados originais. Descobrirá o **nónio**, um instrumento para medida e subdivisão de medidas angulares. Depois de 1527 esteve integrado na corte do Infante **D. Luís** a quem D. João III impôs um singular «cinto de castidade» formado por Pedro Nunes, D. João de Castro e Martim Afonso de Sousa, não tendo impedido a geração e o nascimento de D. António (1531-1595), prior do Crato e futuro rei sem reino; D. Luís que Aquilino Ribeiro, nos PRÍNCIPES DE PORTUGAL, SUAS GRANDEZAS E MISÉRIAS classifica como o «tipo acabado de parasita nacional», que tinha seiscentos e trinta criados e barcos no mar, mas que por isso mesmo, entre o acto de rebeldia que foi a sua participação honrosa em 1535 na conquista de Tunis ao lado de Carlos V, contra as ordens de seu irmão D. João III, até à sua morte em 1555, muito terá contribuido para a estabilidade nacional que logo após a sua morte será perturbada pelo desmantelamento do primitivo **Colégio das Artes**, de Coimbra, e sua entrega à Companhia de Jesus que então ainda não dispunha de estruturas para tamanha empresa.

Depois de **Pedro Nunes**, em 30 de Maio de 1582 será investido nas funções de Cosmógrafo mór **Thomaz d'Orta**, que fora médico em Castela da rainha D. Maria, mulher de Filipe I e veio para Portugal no tempo de D. João III. Foi médico do cardeal D. Henrique e faleceu em 1594, sucedendo-lhe João Baptista Lavanha no cargo de Cosmógrafo e no lugar de físico real um **Luís d'Almeida**, que não convém confundir com o introdutor da Medicina Ocidental no Japão, falecido em 1584.

JOÃO RODRIGUES

João Rodrigues (1511-1568), natural de **Castelo Branco**, o médico **AMATO LUSITANO** estudioso da flora e da matéria médica, clínico distintíssimo, cirurgião inovador, anatomista notável, referência obrigatória em deontologia médica e profissional, por saber alicerçado na leitura de bons autores e na experiência de toda uma vida, nunca esqueceu, com Hipócrates e todos os grandes médicos, que a saúde é o resultado de um equilíbrio precário entre o Homem e o mundo e antecipa autores como **Cannon** (Homeostasia) ou **Hans Selye** (Sindroma geral de adaptação, «stress»), preocupando-se com o «habitat», a corografia, a geografia, a cosmografia, os climas... Assim, depois de ter referido médicos que são recordados pela sua contribuição para um melhor conhecimento do mundo físico, antes de citar alguns autores não médicos que contribuiram para o avanço da Medicina, será útil fornecer exemplo do tipo de conhecimentos que um médico poderia ter sobre o mundo em que os seus doentes nasciam, viviam ou morriam.

Amato Lusitano: TERCEIRA CENTÚRIA DE CURAS MÉDICAS, *Ancona, 1554* – (adaptação da tradução de Firmino Crespo, 1980) – *CURA XIII - DE ALGUNS QUE VIERAM DE PORTUGAL A ROMA E ADOECERAM* – *Alguns criados e escravos de D. Afonso de Lencastre, depois de uma viagem marítima de Portugal a Roma, adoeceram com febres, foram medicados e tiveram alta, curados.*

COMENTÁRIO – *A doença desta gente não foi provocada por variações do ar nem pelas diferenças entre Lisboa e Roma, que são mínimas. Roma e Lisboa, têm alturas* *polares muito próximas, situam-se na zona climática do paralelo de Roma e as suas polares, no mesmo hemisfério e práticamente equidistantes do equador, correspondem a quase igual distância ao zénit.*

Lisboa *tem aproximadamente quarenta graus de altura polar e Roma quarenta e um* (Firmino Crespo, citando Luciano Pereira da Silva, OBRAS COMPLETAS, pp. 351 e seguintes, esclarece que o prelado de Roma é 42^0 e o de Lisboa $39^010'$) *e o médico não pode esquecer que Lisboa é a cidade mais ocidental de toda a Hispânica e de todas a mais ilustre. Fica assente num terreno plano e tem praças banhadas pelo Mar Oceano onde irá desaguar o Tejo aurífero. Não é dominada por ventos vindos de montes nevados, nem estragada por florestas fechadas, pantanos podres, águas paradas, lagoas ou catacumbas de onde possam vir cheiros pestilentos, como acontece nas grandes cidades de Itália e Grécia. Pelo contrário, Lisboa tem arredores com campos férteis, jardins amenos, fontes de água límpida, ribeiras de águas cristalinas, vinhedos convidativos, pomares fartos. De tudo isto resultam ares extremamente saudáveis, e a temperatura é óptima nas quatro estações do ano, suportável no pino do Verão e nos dias frios do Inverno. Geada e neve são raras em Lisboa e em pleno Inverno o vestuário pode ser muito simples, sem necessidade de se usarem peles. A cidade é bafejada por uma brisa suave que vem do mar...*

Roma *possui tudo quanto foi dado a Lisboa, mas fica a Oriente e está exposta ao vento que vem do Sul. Por isso a sua temperatura é mais quente e húmida... É atravessada pelo rio Tibre, que desagua no mar...*

Castelo Branco, minha pátria, *a que* **Ptolomeu** *fez referência, equidistante de Lisboa e de* **Salamanca (a Universidade mais célebre de toda a Europa)**, *tem clima* *temperado, porém a vizinha cidade da* **Guarda**, *situada na montanha hoje chamada Serra da Estrela, é fria em pleno Verão....»*

O pensamento «ecológico» de **Amato**, em alguns fragmentos autêntico hino à beleza e diversidade de um Planeta que urge defender e preservar, poderá servir de estímulo depois que uma magna reunião mundial ECO 92, no Rio de Janeiro, mostrou a sua ineficácia perante a poluição maciça do ar e da água, a eliminação progressiva de florestas e recursos marinhos, a destruição acelerada da camada de ozono protectora da atmosfera, a dessiminação de guerras locais intensamente mortíferas e violadoras da dignidade de milhares de inocentes irmãos nossos em Timor, na extensa Asia, nas vizinhas terras banhadas pelo mar Ilírico, onde **João Rodrigues de Castelo Branco** viveu os seus últimos anos. Em 1557-59 Amato estava em Ragusa, hoje a cidade martir de **Dubrovnik**, descrita na apresentação das CURAS RAGUSINAS, SEXTA CENTÙRIA, 1559, Salónica:

«**Ragusa** *é uma pequena cidade, muito antiga, semelhante a Veneza. É banhada pelo Adriático (mar Ilírico) e situa-se entre elevações rochosas, voltada a sul, o que a expõe aos ventos austrais e sujeita os seus habitantes a doenças mais frequentes e mais graves durante o Inverno. Produz vinhos fortes pouco recomendáveis, pouca fruta e nenhum trigo, por não ter campos de cultura. É uma república em que só os senhores é que mandam. Além destes tem uma numerosa classe popular constituida por mercadores que são pessoas muito civilizadas, com belos navios e com negócios em muitas partes do mundo. O resto são pobres.»*

5. IDENTIDADE

«Não te direi o nome, pátria minha
Teu nome é pátria amada, é patriazinha...»
    Vinícius de Moraes: Patria Minha

«... nadie atropella a lo que ama ni insulta
o menosprecia lo que admira y respecta.»
    Santiago Ramón y Cajal:
    A Patria Chica, Alma Grande

A identidade de Portugal e dos portugueses resulta de processo de gestação milenar, sujeito a crises cíclicamente renovadas em cada duzentos anos. Para José Ramos Tinhorão (OS NEGROS EM PORTUGAL: UMA PRESENÇA SILENCIOSA, 1988, p. 16) «*A região abaixo do rio Douro durante o primeiro milénio da sua história, jamais passou mais de duzentos anos sem sofrer alterações no seu quadro económico-social: ao iniciar-se a era cristã, celtas e iberos dariam origem aos celtíberos, que seriam os lusitanos; pelos anos 200 chegaram os romanos; pelos 400 os germanos e anglosaxões; em fins de 500 os visigodos e arianos e, finalmente, em inícios de 700 os árabes e berberes do Norte de África que, sob o nome de mouros ou sarracenos, se integrariam aqui e ali na vida da Península durante os seguintes oito séculos, primeiro como dominadores e, depois da Reconquista, como lavradores, mercadores ou trabalhadores escravos*» e a esta longa relação haverá que acrescentar as sucessivas levas de colonizadores **mouros** que foram chegando à Península, os **Cruzados** que ajudaram a povoar o sul antes, durante e após a conquista do Algarve em 1249 e especialmente a absorção de **escravos** de todas as raças e etnias, de **judeus** e de **europeus** durante o período da expansão marítima nos séculos XV e XVI, a **Inquisição** *para limar arestas, conter o activo e eliminar o passivo*; o **refluxo** provocado pelas supremacias navais holandesa e inglesa nos séculos XVII e XVIII; a independência do **Brasil** em 7 de Setembro de 1822; as guerras de independência das ex-colónias entre 1961 e 25 de Abril de 1974 e a interpenetração de culturas que também acabaram por gerar; a acção da **polícia política** e a ausência de liberdades causa de uma autentica diáspora à escola planetária que sangrou o País de muitos que se sentiram tratados como estrangeiros na sua própria terra e que por todo o lado onde foram criaram novos laços e raizes mas que regressam quase sempre; a gesta heróica de quantos após 1974 possibilitaram a assimilação dos **retornados** do ex-Ultramar; a actual presença de muitos **trabalhadores** originários dos novos Países Africanos de lingua oficial portuguesa que neste momento ajudam Portugal a erguer as estruturas do futuro...

A mão de obra que possibilitará a construção de muitos dos melhores e maiores monumentos – Jerónimos, Batalha, Hospital de Todos os Santos, e muitos outros, foi em grande parte resultante de um trabalho escravo, «havia por onde escolher», entre 1441 e 1500 foram importados 130 a 150 000 escravos provenientes de Africa (Vitorino Magalhães Godinho: Os DESCOBRIMENTOS E A ECONOMIA MUNDIAL, IV,

2ª ed., 1983, p. 161) e a parte mais significativa de tão valioso património genético acabou por ser incorporada no capital humano português. Porém, «*a indiferença científica e o preconceito oficial retiram o tema da mestiçagem até mesmo da pauta dos inquéritos do censo nacional e, assim, desceu ao esquecimento a dívida inegável da nação e da gente portuguesa à força de trabalho e ao sangue dos negros africanos*» (J. R. Tinhorão, obra citada, p. 376), mas a Mãe Natureza não «apara» «estes golpes» e lá estão a Biologia e a Epidemiologia Molecular a lembrar, por exemplo, a presença de casos de anomalias de **células falciformes** e hemoglobinas anómalas com haplotipos Benin, Senegal e Bantu no vale do Sado, na zona da grande Lisboa e no litoral da zona centro do País, sendo o haplotipo Benin conotado com uma importação que deverá ter começado no século VIII com a presença Arabe na Península. (João Lavinha e outros: IMPORTATION ROUTE OF SICKLE CELL TRAIT INTO PORTUGAL: Contribution of molecular epidemiology, in: THE GREAT MARITIME DISCOVERIES AND WORLD HEALTH, ed. Mário Gomes Marques e John Cule, 1992, pp. 211-215). Mais grave porém, no que a **direitos humanos** diz respeito terá sido Cabo Verde ter funcionado como uma plataforma ou um entreposto para a exportação de **escravos africanos** que irão trabalhar nas minas de prata da America Espanhola, em Zacatecas, México, descobertas em 1538 e Potosi, Perú, descobertas em 1545 e que pelo menos entre 1545 e 1550 o Hospital de Todos os Santos lucrou com isso. Era assim: homens que andavam lançados, ou que tinham sido escorraçados, ditos tangomanos, que andavam em terras de Africa a apanhar negros e depois os traziam para Cabo Verde e aí atingiam o fim dos seus dias, após a morte os seus bens seriam propriedade do **Hospital de Todos os Santos** (MERCÊS; PRIVILÉGIOS E DOAÇÕES

RÉGIAS AO HOSPITAL, 1530) «*e sendo caso que hi venham navios das antjlhas e os escravos tenham boa valya e souberdes que niso ffazes proveito pera o Espirtall vende-os em pregão perante o dito tabelião*» (Anastásia Salgado e Abílio Salgado: O HOSPITAL DE TODOS-OS -SANTOS E ALGUMAS DAS TERRAS DESCOBERTAS ATÉ 1488, Ordem dos Médicos, revista, 1989, Março/Abril, p. 34-42)

Em 1492 os Judeus expulsos de Espanha, Sefarditas por oposição aos Aknasins da Europa Central e de mais além, são absorvidos pela nação judaica portuguesa e logo no ano seguinte a administração régia dará início ao holocausto enviando crianças judias para a tórrida ilha de S. Tomé, distinguida em 1534 com a nomeação de um Bispo residente pelo Papa Paulo III. O rei D. João II morreu em 25 de Outubro de 1495. Em 1497 os meninos judeus menores de 14 anos são distribuidos por famílias tradicionais católicas, há baptismos forçados, não há mais judeus... Passa a haver cristãos novos e cristãos velhos.

Em 1506 houve morticínio de judeus em Lisboa... O rei D. Manuel morreu em 1521.

Em 1531 houve um tremor de terra, recomeçaram as perseguições e os assassinatos e Mestre Gil Vicente (1465-1537) em 26 de Janeiro ergue-se em defesa dos judeus e escreve ao rei: «*Os frades de cá não me contentaram, nem em pulpito, nem em prática, sobre esta tormenta da terra que ora passou;... porque pregar não há-de ser praguejar... porque à primeira pregação, os cristãos-novos desapareceram e andavam morrendo de temor da gente, e eu fiz esta diligência e logo ao sábado seguinte seguiram todolos pregadores esta minha tenção*» (COPILAÇAM DE TODALAS OBRAS DE GIL VICENTE, vol. II, 1984, pp. 642-645).

Em 1536 o Papa Paulo III autoriza a instituição da Inquisição em Portugal e em 20 de Setembro de 1540 teve lugar em Lisboa o primeiro auto de fé. Em 1560 será inaugurada a Inquisição de Goa que em 4 de Dezembro de 1580 terá a «labarédica idiotice» de desenterrar os restos mortais de Garcia de Orta para os queimar na praça pública e espalhar as ilustres e sagradas cinzas no rio Mandovi, depois de uma implacável perseguição a pessoas da sua família, nomeadamente a sua irmã Catarina que foi morta na fogueira em 1568 ou o cunhado Leonel Peres que ainda estava preso e a declarar o que lhe ordenavam em 4 de maio de 1569. A este propósito, o investigador francês I. S. Révah em artigo publicado na REVISTA DA UNIVERSIDADE DE COIMBRA, 1960, 19, pp. 407-420, utilizando a despropósito uma citação colhida num trabalho de Silva Carvalho publicado na mesma revista, mas em 1934, 12, pp. 61-246, exactamente na página 209 e não na página 159 como por lapso refere, tece teorias sobre a religião professada por Garcia de Orta, o que só acentua a ideia de que sobre o que se passou haverá sempre quem esteja disposto a fazer desculpabilizações apressadas e juizos sem fundamento.

    A participação desta gente na construção do país que somos e ao qual desejavam pertencer, teve um valor imenso. Só para o século XV Maria José Pimenta Ferro regista o número de 400 Físicos e Cirurgiões (OS JUDEUS EM PORTUGAL NO SÉCULO XV, 1984, 2º vol.) e o inventário não está completo...

    Em 10 de Novembro de 1621 e em 23 de Fevereiro de 1623 foi proibida a contractação de cristãos novos como professores da Universidade de Coimbra e os alunos ditos bem nascidos perseguiam os colegas de etnia judaica.

    A distinção entre cristãos velhos e cristãos novos, que esporádicamente tem vindo à baila como forma arrogante e infeliz de insulto em trocas de «galhardetes» entre políticos, será abolida em 25 de Maio de 1773.

O Santo Ofício da Inquisição foi extinto com a promulgação da Constituição de 1820, mas ainda continuou a estrebuchar até 31 de Março de 1821.

A liberdade religiosa será proclamada no Concílio Vaticano II, em 7 de Dezembro de 1965.

A Constituição da República Portuguesa, em 1976, no seu artigo primeiro, define Portugal como uma República soberana, baseada na dignidade da pessoa humana...

O passado de Portugal encontra-se perfeitamente estampado no RETRATO DE UMA PRINCESA DESCONHECIDA, de Sophia de Mello Breyner:

> *Para que ela tivesse um pescoço tão fino*
> *Para que os seus pulsos tivessem um quebrar de caule*
> *Para que os seus olhos fossem tão frontais e limpos*
> *Para que a sua espinha fosse tão direita*
> *E ela usasse a cabeça tão erguida*
> *Com uma tão simples claridade sobre a testa*
> *Foram necessárias sucessivas gerações de escravos*
> *De corpo dobrado e grossas mãos pacientes*
> *Servindo sucessivas gerações de príncipes*
> *Ainda toscos e grosseiros*
> *Ávidos cruéis e fraudulentos*
>
> *Foi um imenso desperdiçar de gente*
> *Para que ela fosse aquela perfeição*
> *Solitária exilada sem destino*

A. H. Oliveira Marques em 1956 encontrou em Hannover um RITRATTO ET RIVERSO DEL REGNO DI PORTUGALLO (PORTUGAL QUINHENTISTA, 1987, pp. 127-245), escrito entre 1578 e 1580, durante o mau governo do cardeal inquisidor D. Henrique que retrata assim os portugueses: «*I Portoghesi per gravità van sempre mesti et* *malenconici, ne osano ridere, ne mangiar ne bere che altri veda, i **schiavi** sempre sono alegri, ne fanno altro mai che ridere cantare, ballare, et ebriacarsi publicamente sopra tutte le piazze».* Sem que tenha havido a mínima possibilidade de José Maria de Eça de Queirós (1845-1900) conhecer este texto, soube porém transmitir-nos uma visão de Portugal espantosamente sobreponível a esta na ILUSTRE CASA DE RAMIRES, 1900: «*às vezes há **um homem** muito sério, muito puro, muito austero, um Catão que nunca cumpriu senão o dever e a lei... e todavia ninguém gosta dele, nem o procura. Porquê? Porque nunca deu, nunca perdoou, nunca acarinhou, nunca serviu. E ao lado **outro** leviano, descuidado, que tem defeitos, que tem culpas, que esqueceu mesmo o dever, que ofendeu mesmo a lei... Mas quê? É amorável, generoso, dedicado serviçal, sempre com uma palavra doce, sempre com um rasgo carinhoso... E por isso todos os amam e não sei mesmo, Deus me perdoe, se Deus também o não perfere...*»

BEM-AVENTURANÇAS

Jesus, chamado o **Cristo**, ensinava os seus discípulos, dizendo (**Mateus**, 5, 6 e 7):
— *Bem-aventurados os pobres de espírito,...*
— *Bem-aventurados os mansos,...*
— *Bem-aventurados os que choram,...*
— *Bem-aventurados os que têm fome e sede de justiça,...*
—***Bem-aventurados os misericordiosos,...***
— *Bem-aventurados os limpos de coração,...*
— *Bem-aventurados os pacíficos,...*
— *Bem-aventurados os que sofrem perseguição por amor da justiça,...*

— *Bem-aventurados os injuriados e perseguidos,...*
— *Vós sois o sal da terra,...*
— *Vós sois a luz do mundo,...*
— *Não vim destruir a lei, nem os profetas, vim para cumprir...*
— *Não matarás e quem matar será condenado...*
— *Quem se irar contra seu irmão, quem lhe chamar idiota ou louco, será condenado.*
— *Vai reconciliar-te com teu irmão, antes de fazeres a oferta...*
— *Homens e mulheres respeitem-se mutuamente...*
— *Se a tua mão te serve de escandalo, corta-a...*
— **Não jurarás** *de modo algum, nem pelo céu, nem pela terra, nem pela tua cabeça.*
— *Seja a tua palavra: sim, sim; não, não.*
— *Antes era olho por olho, dente por dente; agora, se te baterem, oferece a face, se te tirarem a roupa, oferece a capa; se te obrigarem a dar mil passos, anda dois mil; responde a quem te peça...*
— *Ama o teu próximo e o teu inimigo, faz o bem a quem te odeia, reza pelos que te caluniam...*
— *Quando deres esmola, ninguém precisa de saber e nunca deixes que a tua mão esquerda veja o que faz a direita.*
— *Quando orares, não te exibas e diz assim:* **Pai nosso**...
— *De nada servem os tesouros na terra,...*
— *Ninguém pode servir a dois amos...*
— *Não inventes preocupações: olha como crescem os lírios... e não trabalham, nem fiam...*
— *Não te inquietes com o dia de amanhã...*
— *Não julgues, para não seres julgado...*
— *Tira primeiro a trave do teu olho antes de te ofereceres para tirar um cisco...*
— *Não deites pérolas a porcos nem aos cães o que não merecem...*

— *Quem pede, recebe; quem busca encontra; quem bater, verá a porta abrir...*
— *Faz bem sem olhar a quem...*
— *Toda a árvore que não dá fruto, é cortada e queimada...*
— *O sábio constroi sobre a rocha e a sua morada resistirá...*

E durante dois mil anos estes terríveis princípios caracterizaram o que se convencionou chamar **civilização cristã** e culturas cristãs, ainda que tenham servido de escândalo quando postos em prática por Homens como **Francisco** (1181-1226) **de Assis** «il poverello» que ordenou toda a sua vida de acordo com a oração **Pai nosso**, pai comum de toda a natureza nossa irmã, pedra, planta, animal, ou **Fernando Martins** Bolhão (1190-1231), **Santo António** de Lisboa / Pádua que voluntáriamente trocou a regra de vida dos monges de **Santa Cruz** pela pobreza **franciscana** e amaldiçoava os senhores do mundo dizendo-lhes que o vermelho dos mantos que usavam era sangue dos pobres. Em Portugal estas ideias foram seguidas por pessoas como a rainha Santa **Isabel**, mulher de **D. Diniz**, numa época em que começou a difundir-se o chamado Culto do Império do **Espírito Santo** que terá entre as suas manifestações visíveis a coroação de um menino e a distribuição do bodo que ainda perduram nos Açores e em grupos de açorianos dispersos pelo mundo.

Durante o período dos descobrimentos, em **1498** foi possível congregar este tipo de esforços e muito do que poderia designar-se caridade foi canalizado para **Confrarias** ditas da **Misericórdia**, promovidas inicialmente por frei **Miguel Contreras** e patrocinadas pela rainha **D. Leonor** (1458-1525), viúva de D. João II.

Capítulo I do primitivo **Compromisso da Misericórdia de Lisboa** aprovado em **1498** por **D. Manuel**, transcrição de Fernando da Silva Correia, ACÇÃO MÉDICA, 1959, 23, nº

91/92, P. 270: – «*E pois **o fundamento desta santa confraria e irmandade é cumprir as obras de misericórdia**, é necessário de saber as ditas obras, as quais são catorze, sejam **sete espirituais e sete corporais**. As sete espirituais são as seguintes, sejam:*

> *a primeira é: ensinar os simples*
> *a segunda é: dar bom conselho a quem o pede*
> *a terceira é: castigar com caridade os que erram*
> *a quarta é: consolar os tristes desconsolados*
> *a quinta é: perdoar a quem nos errou*
> *a sexta é: sofrer as injúrias com paciência*
> *a sétima é: rogar a Deus pelos vivos e pelos mortos*

E as sete corporais são as seguintes:

> *a primeira é: remir os cativos e visitar os presos*
> ***a segunda é: curar os enfermos***
> *a terceira é: cobrir os nús*
> *a quarta é: dar de comer aos famintos*
> *a quinta é: dar de beber aos que têm sede*
> *a sexta é: dar pousada aos peregrinos e pobres*
> ***a sétima é: enterrar os mortos***
> *as quais obras de misericórdia se cumprirão quanto for possível.*

Os rendimentos das Misericórdias que foram sendo criadas em todo o País e práticamente em todos os pontos do globo em que os portugueses construiram bases, possibilitaram a criação e a manutenção de postos de socorros e hospitais, alguns de dimensão significativa. Então, por um lugar para além da vida, deixava-se para a misericórdia o que não podia levar-se, escravos, dinheiros, fortunas... dar à Misericórdia nos séculos XV e XVI para fugir ao Inferno, lembra «mecenatos» e «fisco» em 1992... A seguinte nota colhida em

C. R. Boxer: THE GREAT SHIP FROM AMACON, 1988, p. 86, é significativa: «*João Serrão da Cunha foi Governador de Cabo Verde onde morreu* (em 1644). *E instituio por sua herdeira a casa da **Misericórdia de Lisboa**, desherdando a seu filho por se casar na India contra sua vontade. Deixou em seu testamento um breviário e huns **óculos** a seu hirmão André Serrão, e dizendolhe hum circumstante como sendo tão rico lhe não deixava mais, respondeu que para homem de Coimbra aquillo bastava*»

6. LUSITANICES

«De iride: ... Lusitanice: Lirio de cor de ceu»
AMATI LUSITANI: In Dioscoridis Anazarbei
de Medica Materia, 1553

As expressões «Lusitanus para *«Português»* e Lusitania para *«Portugal»* foram utilizadas pela primeira vez em 31 de Agosto de 1481 por D. Garcia de Meneses, em Roma (A. Costa Ramalho: LATIM RENASCENTISTA EM PORTUGAL, 1985) e «Lusitanice», que no latim renascentista de Amato Lusitano significava lingua portuguesa, português, lusitânico, sem conotações com o neologismo **«portuguesice»**, é aqui utilizada com responsabilidade e carinho, sem atender à fonética nem à grafia, como Vinicius de Morais e Alexandre O'Neill com **«patriazinha»**. *«No fim do século XV o nome de **lusitani** começa a substituir o de **portucalenses**, nos livros; mas essa inovação, perpetuando-se entre os eruditos, torna-se por fim uma crença nacional e quase popular. Que valor merece a inovação? Nenhum: e por vários motivos...»* escreverá Oliveira Martins (1845-1894) — HISTÓRIA DE PORTUGAL, 1879, sem valorizar verdadeiramente a necessidade intrinseca que cada povo tem de invocar as suas raizes, que terá levado os portugueses do século XV a recuar da aristocrática Gruta de

Covadonga às populares Cavas de Viriato, e mais tarde aos Celtas, e agora se continua a escavar cada vez mais fundo e nem as pistas de Dinosauros se aguentam, em busca da «*Paz do esquecimento de todas as quimeras!*»

No século XIII, com Julião Rebolo, um dos muitos Pedros Hispanos, os portugueses diziam-se Portugalenses, Pedro Hispano Portugalense (1200-1277), sem correspondência no TODOS SOMOS HISPANOS, de Natália Correia, que igualmente não «pegará», como não pegou a moda dos «lusitani» na época da expansão marítima. Dir-se-à que esta história de epónimos tem a ver com identidade nacional e oscilações das suas certezas e inseguranças, com o conhecimento e a valorização que cada um faz de si próprio, com auto-afirmação e personalidade, mas pode igualmente ser uma forma de protesto contra a violência, uma estrela, um estigma que assinala os que foram expulsos do paraiso.

As ORATIONES ANTIQUE LUSITANORUM fornecem exemplos de nomes de autores que utilizaram este epónimo e que de certa forma nos mostraram quando esteve em moda, sendo de boa norma que para melhor esclarecimento se cotejem com outras Orações proferidas em louvor da ciência na Universidade Portuguesa. Aquela relação, referida por A. Almeida Matos em A ORAÇÃO DE SAPIÊNCIA DE HILÁRIO MOREIRA, 1990, regista a adopção do epónimo lusitano por Jorge Coelho em 1540 e por Manuel da Costa, que era de Lisboa, em 1552, ao lado de Hilário Moreira Conimbricense no mesmo ano de 1552 e de Melchior Beleago Portuense em 1558. Conhecemos a **ORATIO PRO ROSTRIS PRONUNCIATA, in Ulisiponensi academia**, em 1 de Outubro de 1534, dia de São Lucas que depois passou para dia 18 por **L**(ucio) **Andr**(e) **Resendii Lvsitani** e conhecemos a **ORATIO HABITA CONIMBRICAE in gymnasio regio**, em Julho de 1551 assinada pelo mesmo autor sem o epónimo e é legítimo que se coloque a questão, porque é que o nome foi acrescentado e depois deixou de o ser? Ficava muito comprido? Assumpção da autentica personalidade? Questão de moda?, ou simplesmente porque além fronteiras outros havia que tinham adoptado o mesmo epónimo, o sabiam usar e o usavam com muito orgulho e a situação política do País aconselhava afastamento? Enquanto em Portugal o epónimo lusitano caía em desuso, Lucio André de Resende não o utiliza em 1551 e em 1552 a Oração em louvor da Filosofia de Hilário Moreira inaugura(?) o ciclo dos Conimbricenses, o peito ilustre lusitano mostrava o seu valor na Europa através de Homens orgulhosos das suas raizes recentes como Amato Lusitano (1511-1568), Filipe Montalto Lusitano (?-1616), Didacus Pyrrhus Lusitanus (1517-1597) Diogo Pires, de Évora, Zacuto Lusitano (1575-1642) e muitos outros.

FÍSICOS, CIRURGIÕES E BOTICÁRIOS QUE FORAM PRESOS

Ainda que o padre António Vieira, citado por A. Borges Coelho: INQUISIÇÃO DE ÉVORA, Vol. 2, 1987, p. 236, venha a afirmar não compreender como é que possam ser queimadas como judeus pessoas que «*morrerão com todos os sinais de christãos*», o que é certo é que a Santa Inquisição estendeu as garras «E ASSIM SE ABRIU JUDEISMO NO ALGARVE» (1982) — título de livro de Joaquim Romero de Magalhães — mostra como foi: se alguém fugia, prendiam-se parentes, se não havia razões para prender, inventavam-se e o «**Tratado em que se prova serem fingidos os de nação que vivem em Portugal**», transcrito por J. Lúcio de Azevedo: HISTÓRIA DOS CRISTÃOS NOVOS PORTUGUESES, 1921, dá uma impressionante ideia da perseguição:

1. *Hum médico foi queimado na cidade de Valença...*
2. *Outro médico em Ciudad real...*
3. *Hum surgião em Toledo...*
4. *O fisico Garcia Lopes, de Portalegre, preso em Évora... Este foi queimado.(em 1573)*
5. *O Mestre Roque de Beja, tido por mui virtuoso, foi preso e queimado.* **Acharam lhe um livro**...
6. *Mestre Rodrigo morador em a Cidade de Lisboa... Foi queimado.*
7. *Hum fisico do ospital de Goa fugiu para os Mouros...*
8. *Hum fisico de Alcacere, preso em Évora... Este foi queimado.*
9. *Pero Lopez fisico foi preso e queimado em Goa...*
10. *O fisico Ruy Mendes de Oliveira fugio para Berberia.*
11. *O fisico Gomes foi preso e sambenitado.*
12. *O fisico Diogo de Santellana, de Castello de Vide, foi preso e sambenitado, sahindo para a Flandres.*
13. *O Mestre Baltezar da Fronteira foi preso.*
14. *O fisico Ruy Gonçalves, de Castello de Vide, foi preso e sambenitado.*
15. *O fisico Gracia de Saldanha, de Portalegre, fugio para Salamanca.*
16. ***O fisico Amato Lusitano, de Castel Branco, fugio para o grão Turco.***
17. *O fisico Diogo Gonçalves, da Covilhã, foi preso e penitenciado.*
18. *O fisico Antonio Vaz, da Guarda, foi preso e sambenitado, e fugio com o sambenito sem mais aparecer.*
19. *De Setubal fugio outro fisico.*

20. *Hum fisico da Duqueza de Bragança fugio de Villa Viçosa e o prenderão.*
21. *O fisico Manoel de Mello, que curava em Nossa Senhora da Graça, fugio e lhe **prenderão duas irmãs**.*
22. *O fisico Ruy Gomes fugio de Lisboa.*
23. *O fisico Francisco Fernandes, de Vianna, fugio de Lisboa no anno de 1598 e levou dous casaes consigo.*
24. *O fisico Valdez fugio d'esta mesma cidade, e foi no anno de 1601.*
25. *O surgião Manoel Rodrigues fugio da mesma e **prenderão sua mulher**.*
26. *O fisico Lopo Nunes, de Ponte de Lima, foi preso e sambenitado em Lisboa.*
27. *O fisico Lopo Nunes, de Ponte de Lima, foi preso e sambenitado em Lisboa. (repetido)*
28. *O fisico Antonio Dias que curou no hospital de Evora preso e sambenitado.*
29. *O de Montemor o novo foi preso e sambenitado.*

30. *O boticario Pero Lopes, que morava às portas de Santa Catherina em Lisboa, foi preso e sambenitado.*
31. *Hum guarda... da India,... falou com um... que estivera muitos anos numa botica...*
32. *O boticario Nunes Rodrigues, de Serpa, preso e sambenitado em Lisboa.*
33. *O boticario Diogo Gomes, morador em Lisboa, preso e sambenitado.*
34. *O boticario filho de Diogo Gomes está preso na Inquisição.*
35. *O boticario Gabriel Pinto, morador em Coimbra, aonde foi preso,... Foi queimado em 1600.*

36. *O fisico de Aveiro foi preso em Coimbra e queimado.*

37 e 38. *O boticario Jorge Pinto e Luiz Pinto, filhos do mesmo Gabriel Pinto, foram presos em Coimbra.*

39. *Hum fisico Bento Ferreira Pinto, que morava em Lisboa... foi preso.*
40. *O surgião Pero Nunes da Fonsequa, que curava em Lisboa, foi preso.*
41. *O fisico Francisco Antunes, do Fundão natural, que curava em Castelbranco; foi preso e sambenitado em Lisboa, com carcere perpetuo.*
42. *O surgião Francisco Alvares, natural de Evora, foi preso e fugio em Lisboa.*
43. *O fisico João Serrão fugio.*

44. *O boticario Manoel Caldeira, em Palmella, foi preso e sambenitado.*

45. *O fisico Lopo Dias, do Porto, preso em Coimbra...*
46. *O fisico Francisco de Almeida, tido em Coimbra por homem de muyto exemplo, e fisico dos Padres da Companhia, está preso.*
47. *Diogo Lopes da Rosa, tido na mesma cidade por muito virtuoso, e medico, está preso na mesma cidade.*
48. *Simão Lopes, morador em Lisboa, fugio.*
49. *O fisico Francisco Lopes, **filho do acima**, fugio.*
50. *O surgião Mestre Alvaro, que tinha **tres filhas freiras**, foi queimado em Evora (em 12/5/1596).*

E isto quanto o que toca aos fisicos, surgiões e boticarios, dos quais deixo muitos sem numero por não enfadar...»

Portugal sofreu com esta sangria. Depois de estado «Teocrático» no tempo de D. João II (1455-1495), o País viveu a autocracia de D. Manuel (1469-1521) e evoluiu com D. João III (1521-1557) para uma monstruosidade tricéfala, uma quimera autofágica em que «grupos de pressão» centrados no **poder real**, na **Inquisição** instituida em 23 de Maio de 1536 e na educação dos **Jesuitas**, chegados em 1540, instalados em 1542 e responsáveis pelo Colégio das Artes em 1555, se «devoraram» sem cerimónias. Jorge Buchanan (1506-1582), invectiva o Senhor de muitos nomes D. João III (Portugal, Algarve, Aquém e Além-mar, India, Arábia, Persia, Guiné, Africa, Manicongo, Zalofo), perguntando-lhe o que pensaria fazer quando não houvesse mais «cus de Judas» a conquistar e os desastres da guerra e a violência do mar o obrigassem a fechar a loja da pimenta. Colocava a fama no «prego»? Pediria esmola? Passaria fome? (original e tradução em A. Costa Ramalho: LATIM RENASCENTISTA EM PORTUGAL, 1985, 180/181). As Cortes de 1562-63 discutiram o desmantelamento dos Estudos de Coimbra por serem então considerados prejudiciais ao reino, desejando-se antes que as respectivas rendas fossem aplicadas na guerra e que quem quizesse estudar o fizesse em Salamanca ou Paris, acabando-se com os letrados sobejos. Entretanto, em Coimbra, o Mondego continuava a correr para o mar e cumpria-se a profecia de Diogo Pires: «*Donec Monda maris uicini excurret in undas, / Stabit Ioannis nobile Regis opus*» mas havia problemas, já que «*O fauor com que mais se acende o engenho / Não no dâ a pátria não, que esta metida, / No gosto da cubiça, & na rudeza / Dhua austèra, apagada, & vil tristeza.*» (L. Camões: OS LVSIADAS, 1572, X, 145).

Após 1559 e o REGIMENTO DOS MEDICOS E BOTICARIOS CRISTÃOS VELHOS instituido por D. Sebastião e depois confirmado em 1604 e 1653, foram criadas bolsas de estudo, os «partidos», que se mostraram incapazes de fomentar a preparação de gente qualificada e em quantidade suficiente para substituir os perseguidos ou aqueles que, a partir de 1585, seriam impedidos de entrar na Universidade de Coimbra. Foram anos terríveis para a Medicina Portuguesa e para este País incrivelmente policiado por um Santo Ofício da Inquisição que dispunha de prisões onde se praticavam as vilezas mais abjectas e se morria miserávelmente, com tribunais que nunca mataram ninguém mas antes entregavam inocentes à justiça do rei, para que os queimasse e que, com tudo isto, aparentemente, apenas pretendiam esculpir um modelo de identidade nacional com homens e mulheres sem horizontes nem autonomia de pensamento, próximos daquilo que, depois de 1933, se viria a traduzir na ambiguidade da frase: «*Portugal poderá ser, se nós quizermos, uma grande e próspera nação.*»

SAMUEL USQUE: CONSOLAÇÃO ÀS TRIBULAÇÕES DE ISRAEL

> «... *O que é aquilo, a meio?*
> *Acachapado, monstruoso, enorme e feio?*
> *É a estátua d'um rei — o D. João terceiro...*
> *... foi um fogueiro,...*»
>
> RAMADA CURTO: Na Reunião do Curso
> Jurídico de 1905-1910, Coimbra, 1955

Da reedição fac-similada da edição de Ferrara, 5313, 1553 na era de Cristo, da **CONSOLAÇAM ÀS TRIBULAÇOENS DE ISRAEL, composto por Samuel Usque** e apresentada pela Fundação Calouste Gulbenkian em 1989, transcreve-se, do **Diálogo Terceiro**:

«—*Ano 5291* (corresponde ao ano 1531 da era Cristã em que Frei Braz Neto foi incumbido de pedir ao Papa a Inquisição e à nomeação do primeiro inquisidor, frei Diogo da Silva) — *Cap. 30. Da ynquisiçam de Portugal.*

DEsta *tribulação a quinze anos so qe terceiro de o no reino Elrey dõ Johão deste nome & com sua vinda muito mayores receos & angustias em minha alma sobrevierom pela maa ynclinação que sendo principe côtra este aflito povo mostrou; tée este tomar a possissam (posse) do reino avião(-)se os novos cristãos tanto* **engolfado** *no mundo & seus enganos que quasi hiam esquecendo sua antigua ley & perdião o temor daquella fonte donde nos mana a vida, com muita riqueza que adquirião di(g)nidades & oficios nobres que no reino alcançavão, e acharens(-)se jáa* **pacificos** *por que ymitavam muito ao povo cristão, dado caso q o secreto de suas almas nu(n)ca o mudaram: Estando eles neste estado detreminarom minhas culpas desenquietarme e perseguirme, e tomarom por verdugo e esecutor este Rey dom Johão, acha(n)do em sua vo(n)tade* **aparelho** *disposto pera ysso e por que (ne)nhum mal podia ser mais riguroso que o de castela, acordou que fosse tambem este o castigo e pena de meus dilitos em Portugal, mandando a Roma por outro semelhante monstro como o de Espanha o qual ynda que ao presente ha poucos anos que he arribado, tem feito jaa hum estrago cruel e temeroso naquelle mal bautizado povo* (baptismo forçado em Outubro de 1497), *sua vinda lhes descorou logo a figura, desenquietou o repouso de seus espritos, e as almas de dóo e tristeza lhes cubrio, tirou (-)os do descanso de suas casas, e nas escuras prisões os faz morar, onde com ansia e continuo sospiro vivem; por que aly lhes arma o laço com que cayam no foguo em que se queymem* (primeiro auto de fé em Lisboa em 1540); *aly os marteriza de maneira que vem a matar seus filhos com suas mãos* (passagem confusa que, pelo que vem a seguir, pode significar ser obrigado a ver os filhos serem assassinados — «vem» do verbo vir e «vem», veem, do verbo ver — e «suas mãos», deles, Inquisição); *a arder seus maridos, privar da vida a seus yrmãos;*

a fazer orfãos, multiplicar viuvas, empobrecer riquos, destruyr poderosos, de bem na(s)cidos fazer ladrões, e de recolheitas (recolhidas) *e honestas molheres semear os lugares torpes e ynfames, pella pobreza e desemparo a que os trás; tem com fogo consumido tee* (até) *gora* (agora) *assaz grande numero, nam hum, a humas de trinta em trinta e de cincoenta em cincoenta juntos lhes daa a pena; e ao tempo que os abrasa e destruye reduze grande povo cristão que se glorea e alegra de ver estar ardendo meus membros na fogueira que atiçam e acendem cõ as lenhas trazidas delles Às costas de a ter muy longe. Andam estes mal bautizados tam cheos de temor desta fera* (que tem estátua no pátio da Universidade de Coimbra) *que pella rua vam voltando os olhos se os arrebata, e com os corações yncertos e como a folha do arvore* (,) *movediços caminham e se param atonitos, com temor se delles vem travar, qual quer pancada que daa* (dá) *esta alimaria por longe que seja os altera e como se lhes dera nas entranhas arecebem, por que neste mal sam todos hum corpo a padecer; com receo metem o bocado na boca em suas mesas, e a ora que o repousado sono a todalhas criaturas he concedido esta os desenquieta nelle e sobresalta; as alegrias e festas de casamentos ou partos, em tristeza e torvação lhes transtorna; finalmente mil tragos mortaes lhes faz englutir cada momento, por que nam basta dar a entender por exteriores sinaes serem cristãos tee* (até) *que lhe vee* (veem) *com fogo as entranhas...»*

Samuel Usque é certamente um dos autores que, na sua época, melhor escreveu na doce língua portuguesa. O seu livro, cuidadosamente impresso em português, abre com uma gravura que representa a esfera, como a que figura no REGIMENTO DO ASTROLABIO impresso em 1509 em Lisboa ou em qualquer TRACTADO DA SPERA DO MUNDO que fosse impresso no começo de século XVI, o que aponta para as raízes culturais do impressor e do autor, que conheciam muito bem o português e certamente o latim. Será ainda interessante procurar no texto referências e influências da civilização marítima, como **engolfado** ou **aparelho**; **pacífico** passará a ter conotação marítima após a viagem de Fernão de Magalhães, completada por Sebastião del Cano em 1519-21. Pouco sabemos da vida de **Samuel Usque**. Sabemos que se sentiu acossado e que muito sofreu com o que lhe fizeram, com o que viu fazer ou apenas com as memórias dolorosas do seu povo. Foi editado em 1553 em Ferrara por seu irmão Abraham aben Usque que em 1554 editará a MENINA E MOÇA de Bernardim Ribeiro.

Registe-se que **Amato Lusitano** publicara em Veneza em 1553 o IN DIOSCORIDIS ANAZARBEI DE MEDICA MATERIA LIBROS QUINQUE, depois de em Ferrara ter descoberto as válvulas venosas em 1547, (CVRATIONVM MEDICINALIVM CENTVRIAE PRIMA, 1549, Cura LII, Ferrara) e de em Roma ter publicado, igualmente em latim renascentista, a SEGUNDA CENTÚRIA, 1551 e virá a propósito referir que o CASO CLÍNICO Nº 20 desta SEGUNDA CENTÚRIA, corresponde a transcrição de documento assinado no dia 17 de Maio de 1550 por Amato Lusitano de Castelo Branco, assumindo-se arbitro numa disputa entre a «poderosa família» (?) de Leão Hebreu e o infeliz médico de apelido **Calaphurra**, que em dia azarado prescrevera a uma filha daquele, que morreu, um clister de camomila, endro e arruda. Amato diz que aquelas ervas simples são normalmente utilizadas na cozinha e portanto não causaram a morte.

Provavelmente aquele **Leão Hebreu** será filho ou neto do autor dos célebres DIALOGHI D'AMORE publicados postumamente, em 1535 e seria especulação desenfreada, talvez um grande tema de romance, sugerir que Amato se terá pronunciado sobre o que não poderia ter sido a causa da morte, **não** da filha de Iehudah Abrabanel mas de uma possível filha de Bernardim Ribeiro, aquela que lhe terá inspirado a MENINA

E MOÇA ME LEVARAM DE **CASA DE MINHA MÃE PARA MUITO LONGE**... e isso vinha ao encontro do laço familiar que se diz existir entre Bernardim e mestre Leão Hebreu.

Leão Hebreu era muito provavelmente médico, um médico que dialogava consigo próprio, que buscava os fundamentos da prática que exercia. DIALOGHI D'AMORE é isso mesmo, o dialogo singular entre Filon e Sofia, a autocrítica daquele que deseja o saber e se interroga.

7. EM LOUVOR DA CIÊNCIA

*«Eu queria agradecer-te, Galileo,
a inteligência das coisas que me deste.»*
António Gedeão: Poema Para Galileo

Durante séculos, antes de 1290, data da fundação da Universidade e entre esta data e 1504, pouco se sabe do que era o ensino médico em Portugal, quem foram os professores de Medicina, como é que ensinavam, que leituras tinham, o que escreveram. A partir da publicação dos STATUTOS D'EL REI DOM MANOEL Pª UNIUERSIDADE DE LIXª (Lisboa, presumivelmente 1503), tornou-se costume, se acaso ainda o não era, iniciar as aulas de cada ano em 1 de Outubro, havendo uma cerimónia solene com leitura de uma lição em louvor da Ciência e estas lições, ainda que nem sempre feitas por professores da Universidade, quase sempre nos mostram o que se ensinava nas várias Faculdades, pelo que são documentos de enorme importância na História da Medicina Portuguesa. Eram proferidas em Latim, e a tutela tomaria providências para que todas o fossem, como mais tarde se verá na carta de D. João III datada de 9 de Novembro de 1537: «... Primeiramente hey por bem que os lentes leam em latim, & o Rector mandará que se cumpra asi. ... E asi mandará que os scolares das portas das scolas pera dentro falem latim segundo forma da provisam que eu já sobre isso passey. Ha qual o Rector veraa & mandará comprir.», e foi assim até aos primeiros anos da Reforma Pombalina, sendo estranho que os Estatutos tenham sido escritos e impressos em português, mas felizmente que assim foi. Pelo que diz respeito à Medicina, antes de 1794, tudo quanto saíu da Universidade, praticamente tudo foi publicado em latim e cada vez menos haverá acesso a um labor imenso produzido por homens como Henrique de Cuelhar, Tomaz Rodrigues da Veiga, António Luiz, Alfonso Rodrigues de Guevara, João Bravo e muitos outros, a que haverá que juntar aqueles que já não pertenciam ou nunca pertenceram à Universidade como Valesco de Taranta, Amato, Brissot, Manuel Brudo, Luis de Lemos, Filipe Montalto, Rodrigo da Fonseca, Rodrigo de Castro, Estevão Rodrigo de Castro, Zacuto, Luis Nunes de Santarém ex-professor em Lisboa e Santa Cruz de Coimbra e Editor de Nebrija e o Luis Nunes retratado por Rubens, Francisco Sanches,... Garcia de Orta escreveu em Português e Clusio entendeu-o e traduziu-o, Antonio Nunes Ribeiro Sanches e Jacob de Castro Sarmento escreveram muito em Português.... Na Faculdade de Medicina de Coimbra as dissertações inaugurais foram obrigatóriamente escritas em Latim até 28 de Janeiro de 1858 e só a partir desta data é que passaram a ser escritas em português e impressas, passando igualmente a ser formulados em português os pontos que, até aí, eram dados em latim. Segundo os Estatutos da Universidade de Coimbra de 1772, os lentes Catedráticos tinham obrigação de escrever as lições e fizeram-no em latim. Esta obrigação, inicialmente adoptada para a Congregação de Theologia no Livro I, Título VI, capítulo I, nº 8 e 9, é depois registada nos estatutos das diferentes Faculdades e, na de Medicina, virá no nº 4 do Capítulo I do Título VII, Parte I do

Livro III dos Estatutos, que à Congregação da Faculdade dão competência para o exame dos livros e a responsabilidade da respectiva composição, sendo os Compendios trabalhados pelos Cathedraticos das diferentes Disciplinas. A obrigação de publicar terá que ser lembrada mais do que uma vez e logo que teve conhecimento de que Francisco Tavares apresentara à censura da Congregação de Medicina o livro MEDICAMENTORUM SYLLOGE, o Principal Castro chamou a atenção para a obrigação de se publicarem as lições, o que saíu em «aviso régio de 26 de Setembro de 1786, em que se extranhava a **incuria a respeito da composição dos compendios, vigorando os Estatutos havia quatorze annos**; e ordenava-se que os professores escrevessem com a possível brevidade os livros de texto para as lições nas aulas, como era da sua obrigação». Francisco Tavares publicará em Coimbra um PHARMACOLOGIA LIBELLUS, 1786 seguido do MEDICAMENTORUM SYLLOGE, 1787, «livro» e «compêndio» que mais tarde serão literalmente vertidos para português e constituirão a PHARMACOPEIA GERAL DO REINO, 1794, 1823, que estará ao dispôr dos alunos da Faculdade de Medicina. Sobre esta PHARMACOPEIA tem havido alguma confusão de quem nunca teve a curiosidade de a comparar com os dois livros anteriores e quem o fizer, ao fim de poucos minutos, mesmo não sabendo latim, espantar-se-à com a facilidade com que seguirá estes textos. A data 1794 corresponde igualmente à publicação da versão portuguesa do livro de Caetano Jozé Pinto de Almeida: PRIMA CHIRURGICAE THERAPEUTICES ELEMENTA, 1790, levada a efeito no Porto por Jozé Bento Lopes. As obras de Francisco Tavares e Caetano Jozé Pinto de Almeida parecem ser os primeiros frutos da Reforma Pombalina no campo das publicações médicas. São importantes as datas em que surgiram: 1786, 1787 e 1790 e é especialmente importante a data de 1794 em que surgem as respectivas versões portuguesas.

    1750 – Morre D. João V. Sebastião José de Carvalho e Melo, ministro de D. José

    1755 – Terramoto de Lisboa

    1759 – Execução dos réus do atentado contra D. José e Expulsão dos Jesuitas

    1772 – ESTATUTOS DA UNIVERSIDADE

    1777 – Morte de D. José. Demissão de Pombal

    1779 – Fundação da Academia Real das Ciências

    1793 – Revolução Francesa

    1794 – PHARMACOPEIA GERAL DO REINO. Os Professores da Faculdade de Medicina da Universidade de Coimbra começam a publicar em Português.

ORAÇÕES DE SAPIÊNCIA

Na abertura solene das aulas que teve lugar em 1 de Outubro de 1504, na então Universidade de Lisboa, a honra de proferir a lição em louvor da Ciência recaiu sobre os disciplinados ombros de **D. Pedro de Meneses**, segundo conde de Alcoutim e terceiro marquês da Vila Real, um jovem de 17 anos que era aluno de Cataldo Parísio Siculo e que, em primoroso latim, em frente de D. Manuel, proferiu a primeira oração de Sapiência de que há memória na Universidade portuguesa. Refere-se às Ciências e Artes que se professavam em Lisboa e sobre a Medicina, em último lugar no grupo das Ciências, dirá da dificuldade em encontrar uma trombeta e um pregão que verdadeiramente a exaltam e divulguem, pois que as almas foram criadas para estar aplicadas ao seu Criador e se os corpos estiverem doentes, não podem exercer as suas operações.

Quanto às Artes, quando chega a vez da Astrologia, dirá que fornece o conhecimento do curso, retorno e outros movimentos dos corpos celestes e manifesta a crença de que previne com segurança o futuro, crença vã que Santo Isidoro de Sevilha já rejeitara no século VI mas que, entre nós, chegará até Pedro Nunes, que lhe chama «superstição quase rejeitada». Vem depois a Música, de grande utilidade em momentos difíceis e finalmente as duas Matemáticas, a Aritmética e a Geometria, ambas muito necessárias a mercadores e negociantes. A Universidade aparentemente não queria nada com estas matérias! No fim de tudo, vinha a Gramática, a primeira entre todas as Artes. Nada mais desagradável do que um «pontapé na gramática»...

Outra Oração muito conhecida, com interesse para a História da Medicina Portuguesa, é a «ORATIO PRO ROSTRIS PRONUNCIATA, IN ULISIPONENSI ACADEMIA» por **L(ucio) Andr(e) Resendii Lusitani** em 1 de Outubro de 1534, ano em que Garcia de Orta foi para a India. Em perfeito contraste com o tom pomposo da lição de Pedro de Meneses, Resende aponta as falhas da educação e a necessidade de estudo, alertando para o facto de sermos vencidos pelas nações que levam isso a sério. Divide a Medicina em três partes, como em Galeno, a Dietética, que cura com o alimento, a Farmácia, que trata com drogas e a Cirurgia, que utiliza a mão, acrescentando que os próprios médicos rejeitavam a cirurgia e a deixavam para uns quantos que por desprezo chamavam cirurgiões, considerando-os ignorantes de toda a sabedoria, ao mesmo tempo que igualmente **esqueciam a obrigação de conhecerem as ervas e as plantas**, mas antes corriam velozmente atrás do que desse lucro...

Garcia de Orta, nos COLOQUIOS..., 1563, Goa, pela boca de Ruano, responde a parte desta interrogação, relativamente à matéria médica: «... *e se Deus me levar a Espanha, esclarecerei os Físicos e os Boticários para que não permaneçam no erro e direi ao afamado Doutor Tomás Rodrigues (da Veiga) que já pode responder à exortação que Mateolo fez aos Físicos do Rei de Portugal para tirarem isto a limpo...*» (Colóquio. 15, página 63 verso, adaptado), recado que será reforçado no final dos COLÓQUIOS em carta latina do médico valenciano Dr. **Dimas Bosque**, então proprietário de uma ilha no rio Zuari (Mormugão) e colaborador de Orta na revião das provas tipográficas daquele trabalho. **Pietro Andrea Matteoli** (1501-1577), que em 1544 publicara em Brescia uns Discursos sobre os livros de Pedácio Dioscorides, seguidos de edição latina, Veneza, 1554, não aceitara o IN DIOSCORIDIS ANAZARBEI... ENARRATIONES ERUDITISSIMAE, Veneza, 1553 de Amato Lusitano e mimoseou-o com uma acintosa APOLOGIA ADVERSUS **AMATHUM** CUM CENSURA IN EJUSDEM ENARRATIONES, Veneza, 1558, que pode não ter dado um «combate de gondolas», mas mostrou muita deselegância por parte de quem escreve de forma errada o «nome de guerra» deste autor Lusitano, com o fito de lhe chamar ignorante.

Finalmente uma terceira oração de sapiência, esta mais acessível, A ORAÇÃO DE SAPIÊNCIA DE HILÁRIO MOREIRA, publicada em 1990 em livro com este título por Albino de Almeida Matos, a HILARII MOREIRAE DE OMNIUM PHILOSOPHIAE PARTIUM LAUDIBUS ET STUDIIS ORATIO proferida em **1 de Outubro de 1552**. **Hilarii Moreirae Conimbricensis, Illario Moreira**, que utiliza um epónimo que aponta para a sua origem «Colimbrinha», reservou algum espaço do seu discurso para a

Filosofia contemplativa, que incluiria o Quadrívio da Matemática, as Filosofias natural e moral, e a Medicina. Da Matemática diz que: «*... Embora não seja agradável traçar triângulos dentro de quadrágonos, medir o céu a palmos, contar os astros estando na terra, adivinhar o destino dos homens e por fim gastar três gerações a estabelecer determinadas simetrias, há todavia muitas coisas que podem deleitar-nos...*». A Filosofia natural: «prescruta os segredos da natureza e as causas invisíveis das coisas visíveis — *... naturae arcana et inuisibiles rerum uisibilium causas scrutatur...*». A *Filosofia moral* originou a Ética, que «modela os costumes». Na parte relativa à Medicina diz que é a ciência da saúde — «*quae scientia sanitatis est*» — refere Galeno e as diferenças no pulso e afirma que a nossa vida resulta da adequação dos humores. Diz ainda que Deus deu ao médico poder para curar doenças e que por isso os resultados são mais divinos do que humanos — «*diuinos potius quam humanos operatur effectus*» e assim, querendo Deus conservar o que criou, necessita do médico e cita Hipócrates, dizendo que considerava o médico uma espécie de Deus mortal e um iniciado nos segredos da natureza. Termina dizendo adeus aos médicos e passa a outro assunto.

Nesta mesma época **Ambroise Paré** (1510-1590) lançou a famosa frase: «*Je le pansay, et Dieu le guarit*», variante de outras como: «*Je fis office de médicin, d'apothicaire, de chirurgien et de cuisinier. Je le pensay jusqu'au bout, et Dieu le guarit*» ou «*Toutefois pour luy donner courage et bonne esperance, je le mettrois debout, par la grace de Dieu, et l'aide de ses medicins et chirurgiens*», ou ainda: «*L'ayant veu, je m'en allay promener en un jardin, là où je priay Dieu qu'il me fit ceste grace qu'il guarist, et qu'il benist nos mains et les* *medicaments, à combattre tant les maladies compliquées»* (cotado em Kenneth Walker: THE STORY OF MEDICINE, versão francesa, 1962.)

Em 1562 **Luís Fróis** (1532-1597) ao escrever a HISTORIA DE JAPAN e referindo-se a **Luís de Almeida** (1525-1584), dirá que «*... foi N. Senhor servido mostrar com elles sua liberalidade, dando perfeita saúde a muitos... e os nossos não deixavam de espantar de ver o que as mézinhas obravam naquelles enfermos, tendo para isso tão pouca eficácia».*

Com este «ambiente», não será estranho que **João Bravo** *Chamisso* no DE MEDENDIS CORPORIS MALIS PER MANUALEM OPERATIONEM, Coimbra, 1605, advogue práticas que tinham sido utilizadas pelos **Asclepíades**, valorizando o poder encantatório da palavra sussurrada em passagens como (página 23): «*Agios, Otheos, agios, ischyros, agios athanathos, hocest Deus acharon, Deus immortalis, his enim incantationibus...»*, grego, latim e hebraico tudo de mistura... «*Supplico vos Angel. Vriel, Angelus Raguel, Angel Tachnel, Angel. Michael, Angel, Admis, Angel. Tubias Angel. Sabbaoth, Angel Simiel...»*, ou ainda: «*Iesus autem transiens + per medium illorum ibat + os nom cōminuetis ex+».* Trata-se certamente de um *ensalmo* a merecer estudo mais aprofundado e o que provoca espanto, em plena e contraditória época das perseguições da Santa Inquisição, é que o que lá está, como num ensalmo propriament dito, é o **Adonai, Adonai, Adonai**, três vezes **Adonai**,... ou não será?

João Bravo será mais tarde acusado de comentar sempre da mesma maneira o capítulo de Rasis «**Nono ad Almansorem**» e, na sequência de uns AUTOS E DILIGÊNCIAS DE INQUIRIÇÃO, 1619-1624, foi afastado do ensino.

8. ESCRITORES E AVENTUREIROS

> «*Onde quere que tenhas caído*
> *na terra ou no mar*
> *aceita este poema!*
> *Eras a nossa Esperança*
> *eras o maior...*
>
> Diogo Pires: Epitáfio Para Um Silva
> Que Ficou Em Alcacer Kibir

Soldados da fortuna, soldados práticos, místicos, aventureiros, mercenários, quando desdobram suas aventuras, quase sempre têm muito que contar e quase sempre com interesse para a História da Medicina, com a vantagem de se expressarem de uma forma viva. Nomes?: Gaspar Correia, Luis Vaz de Camões, Tomé Pires, Fernão Mendes Pinto, António de Andrade, João dos Santos, Luis Frois,... António Pigafetta, J. Huighens van Linschoten, Augusto Pyrard de Laval...

Alguns exemplos:

— «***Pantaleão de Sá**, andando vagamundo muito tempo pelas terras dos cafres, chegou ao paço quasi consumido com fome, nudez e trabalho de tão dilatado caminho; e chegando-se à porta do paço, pediu aos áulicos lhe alcançassem do Rei algum subsídio. Recusaram eles pedir-lhe alguma cousa,*

85

desculpando-se com uma grande enfermidade que o Rei havia tempos padecia, e, perguntando-lhes o ilustre portugues que enfermidade era, lhe responderam que uma chaga em uma perna, tão pertinaz e corrupta que todos os instantes lhe esperavam a morte. Ouviu ele com atenção e pediu fizessem sabedor ao rei da sua vinda, afirmando que era médico e que poderia talvez restituir-lhe a saúde. Entraram logo muito alegres, noticiam-lhe o caso; pede instantâneamente o Rei que lho levem dentro; e depois que Pantaleão de Sá viu a chaga lhe disse: «Tenha muita confiança, que facilmente receberá saúde» E saindo para fora se pôs a considerar a empresa em que se tinha metido, donde não poderia escapar com vida... (...)... Nesta consideração, como quem já não fazia caso da vida, e apetecendo antes morrer uma só vez do que tantas, urina na terra e, feito um pouco de lôdo, entrou dentro a pôr-lho na quási incurável chaga... (...)... a chaga, com o medicamento que se lhe aplicara, gastara todo o podre, e aparecia só a carne, que era sã e boa... em poucos dias cobrou inteira saúde; ...puseram Pantaleão de Sá em um altar...»

Relato descoberto e certamente empolado por **Bernardo Gomes de Brito**, (cotado em: M. O. R. Meneses: OS AUTORES IBERICOS QUINHENTISTAS NA HISTORIA DA MEDICINA, 1971, pp. 486-487) que o incluiu na HISTÓRIA TRAGICO-MARITIMA, 2 Volumes, 1735-1736, dando mostras de grande indiferença em relação ao ambiente, paisagem física, moral e social, gesto médico e forças curativas da natureza, ao mesmo tempo que revela muito pouca sensibilidade ao apreciar uma fanfarronada bem ao gosto do português ignorante transplantado para terras africanas, que poderá até ter sido saudada com alguma exclamação do tipo: «*mundele N'Zambi* — o branco é Deus!»

A Ureia tem aplicação local em tumores cutâneos. A Uroquinase é utilizável na destruição de coágulos.

Pantaleão de Sá poderia ter no ouvido: «*Dito isto, cuspiu no chão, fez lodo com a saliva, untou com lodo os olhos do cego e disse-lhe: Vai, lava-te em Siloe. Ele foi e voltou curado*»: **João, 9.**

Não era altura de lembrar a interpelação de D. João Coutinho, conde de Redondo e capitão de Arzila a **Carlos V**: — «*Senhor, mande-me Vossa Majestade dar em seus reinos um lugar seguro onde mije.*» (DITOS PORTUGUESES DIGNOS DE MEMÓRIA, ed. J. H. Saraiva, p. 89).

Gaspar Correia: LENDAS DA INDIA, 4 volumes, editadas em 1858-1864: «*N'este inverno ouve em Goa huma dôr mortal, que os da terra chamam moryxy, muy geral a toda calidade de pessoa, de minino muy pequeno de mama até velho de oitenta annos, e nas alimarias e aves de criação da casa, que a toda cousa vivente era muy geral, machos e femeas; a qual dôr dava na criatura sem nenhuma causa a que se pudesse reputar, porque assy vinha aos sãos como aos doentes, aos gordos como aos magros, que em nenhuma cousa deste mundo tinha resguardo. A qual dôr dava no estamago, causada de frialdade segundo affirmavam alguns mestres; mas depois se affirmou que lhe nom achavão de que tal dôr se causasse. Era a dôr tão forte, e de tanto mal, que logo se convertia nas sustancias de forte peçonha, a saber: d'arravesar, e beber muyta agoa, com deseqamento do estamago, e cambra que lh'encolhia os nervos das curvas, e nas palmas dos pés, com taes dôres que de todo o enfermo ficava passado de morte, e os olhos quebrados, e as unhas das mãos e dos pés pretas e encolheitas. Á qual doença os nossos fisiquos nunca acharão cura; e durava o enfermo um só dia, e quando muyto huma noyte, de tal sorte que de cem doentes nom escapavam dez, e estes que escapavam erão alguns por lhe acodirem muy em* *breve com meizinhas de pouqua sustancia, que sabião os da terra. Foy tanta a mortindade n'este inverno que todo o dia dobravam sinos, e enterravam mortos de doze e quinze e vinte cada dia; em tanta maneira que mandou o Governador que se nom tangessem sinos nas igrejas, por nom fazer pasmo à gente. E por esta ser huma doença tão espantosa, morrendo hum homem no esprital d'esta doença de moryxy* **o Governador mandou ajuntar todolos mestres, e o mandou abrir**, *e em todo o corpo de dentro lhe nom acharão mal nenhum, sómente o bucho encolheito, e tamaninho como huma muela de galinha, e assy enverrugado como coiro metido no fogo. Aò que disseram os mestres que o mal desta doença dava no bucho, e o encolhia, e fazia logo mortal.»* (Cotado em Ficalho: Colóquios, Vol. I, pp. 273 e 274).

Relato de quem certamente esteve presente e diz o que viu, coisa que os **físicos** mandados chamar pelo Governador **Martim Afonso de Sousa** não fizeram, nem sequer se sabe quem terão sido. Foi em **1543**, no ano em que **Andreas Vesal** (1514-1564) publicou a HUMANI CORPORIS FABRICA, durante o inverno de Goa, isto é: Junho, Julho e Agosto.

A primeira experiência japonesa com armas de fogo correu mal, a arma rebentou e **Fernão Mendes Pinto** acudiu: *«... preparey tudo o que era necessário para a cura, & comecey logo pela ferida da mão por me parecer a mais perigosa, & lhe dey nella sete pontos, mas se fora curado por mão de çurujão quiça que muyto menos lhe bastarão, & na ferida da testa, por ser mais pequena, lhe dey cinco somente, & lhe pus encima suas estopadas de ovos, & lhas atey muyto bem como alguas vezes vira fazer na India, & continuando assi com a minha cura* *quiz nosso Senhor que dentro em vinte dias elle foy são, sem lhe ficar mais mal que só hum pequeno esquecimento no dedo polegar* (1º, VI, cap. CXXXVII). (Cotado em Luiz de Pina: A MEDICINA PORTUGUESA DE ALÉM MAR NO SÉCULO XVI, 1935, p. 26)

Ao contrário dos relatos anteriores, **Fernão Mendes Pinto** não se limita a dizer por interposta pessoa o que fez, ou o que viu, mas regista por escrito aquilo que viu fazer na India e o que efectivamente decidiu fazer e fez no Japão. Esta passagem da PERIGRINAÇÃO, 1614, livro póstumo, diz respeito aos primeiros contactos entre japoneses e europeus e pode ter tido lugar em 1543. O estabelecimento em Macau será a partir de 1555 e desta cidade partirão anualmente barcos para o Japão até 1639.

Na edição de 1611 das VIAGENS de **Pyrard de Laval**, do relato da sua passagem por Goa: «*Cest Hopital est le plus beau, que ie croy, qu'il y en ayt au monde, soit pour la beauté du bastiment & des appartennances, le tout fort proprement accommodé, soit pour le bel ordre & police qui y est, la netteté qu'on y observe, le grand soin qu'on y a des malades, l'assistence & consolation de toutes choses qu'on sçauroit desirer, tant pour les Medecins, drogues & remedes pour recouvrer la santé, viãdes qu'on y baille, que pour la consolation spirituelle qu'on peut avoir à toute heure. Il est de fort grand estendue, situé sur le bord de la reviére...*» (Cotado em M. O. R. Meneses, Obra citada, p. 753.)

Toda esta gente de destino incerto tinha medo de morrer e não gostaria de ficar marcada por doenças que apontassem para algum passado menos apresentável.

As galeotas que seguiram de Macau para o Japão em Julho de **1618** sob o comando de António de Oliveira Moraes com o «Fato da Companhia» onde iam oitenta e seis cestos e três caixões que transportavam 52 picos e 28 cates de seda boa e fina, uma comprada em Macau e outra na India, tudo no valor de cinco mil setecentos e sessenta e dois taeis; dezanove pães e meio de ouro no valor de mil quatrocentos e cinco taeis e muito mais coisas necessárias a uma sobrevivência que começava a estar sériamente abalada, não esqueceram «**Onze picos vinte, e dous cates de pao china, destes sette picos a tael oito mazes o pico, os quatro picos vinte e dous cates, que restão a tael hum maz, e hum condorim o pico montão ao todo dezassete taeis dous mazes oito condorins quatro caixas...**

...Do procedido do Emprego acima se ha de fazer rezão as pessoas que nos derão prata em Iapão a responder, e aos clerigos por conta das capellanias do Senhor Bispo conforme de Japão o Padre Carlos Spinola ordenou, de que o mesmo Padre na mesma forma se respondeu o que tudo consta dos papeis da carregação da prata que nesta Procuratura ficão, e em Iapão devem de estar os mesmos» (Cotado em C. R. Boxer: THE GREAT SHIP FROM AMACON, 1988, pp. 185-189)

9. RAIZ DA CHINA

«RAA. da qui a mil annos folgarei de vos ouuir por tanto dizei.»
GARCIA DE ORTA: Coloquio. 47.
da Raiz da China, 1563, p.182

Paradoxalmente, foram os asiáticos e os amerindios quem concluiu a primeira volta ao mundo e não os Europeus, o que, em coisas de prosápia, «records» a abater, farroncas e outras cagranças, seria caso para muita meditação e alguma modéstia. Na Quarta Parte Nova que Colombo disse ter descoberto em 1492, aparentemente nada lá havia que podesse contribuir para o aperfeiçoamento do modo de vida europeu e o Brasil descoberto em 1500 desconhecia os metais. Em contrapartida, os amerindios experimentaram os primeiros contactos com vírus que os dizimaram aos milhões e como eram refractários à maneira de trabalhar dos europeus, viram o que foi a força do trabalho escravo importado de Africa. No entanto, quando os primeiros chegaram a Lisboa trazidos por Colon, sem o saberem, acabavam de completar uma volta ao mundo iniciada por caçadores/pescadores seus antepassados longínquos que tinham saído da Ásia pelo estreito de Bering. Dir-se-à depois que ensinaram aos europeus as virtudes do sagrado pau, o Guaiaco, para o tratamento do que virá a chamar-se sífilis e com prata do México será comprado pau da China para o mesmo mal, antes da grande voga que tiveram as sarsaparrilhas, mais tarde salsaparrilhas, do México e do Perú e de outras coisas de muita virtude, ou nenhuma.

No Brasil os «Descobridores» depararam com gente que os impressionou como aquelas «*três ou quatro moças, bem moças e bem gentis, com cabelos muito pretos e compridos pelas espáduas, e suas vergonhas tão altas, tão cerradinhas e tão limpas das cabeleiras que, de as olharmos, não tinhamos vergonha nenhuma*» ou uma outra «*toda tingida, de baixo a cima daquela tintura; e certo era tão bem feita e tão redonda, e sua vergonha (que ela não tinha) tão graciosa, que a muitas mulheres da nossa terra, vendo-lhes tais feições fizera vergonha*», como notou Pero Vaz de Caminha na célebre carta de 1 de Maio de 1500 a D. Manuel, onde igualmente se diz que «*não lavram, nem criam*» e não têem ouro nem prata ou «*coisa alguma de metal ou ferro, nem lho vimos*». Na India, na China e no Japão, foi completamente diferente. É certo que também por lá havia quem exibisse a nudez mais completa, mas isso apenas aumentava o contraste com palácios e civilizações requintadas onde os Fringi, os Europeus, os Bárbaros do Sul de grandes narizes e largas calças eram intrusos e destoavam. Eram civilizações em expansão e progresso que pela força da razão souberam resistir à força dos canhões, ao contrário do que se passou no México e em outros locais onde alguns homens decididos, uns cavalos e alguns tiros substituiram opressões sanguinárias por outras. Antes que os Europeus chegassem às Américas, muita coisa por lá aconteceu, que começa a ser estudada, as chamadas civilizações pré colombianas, que não influenciaram (?) os intrusos, pois apenas agora começam a ser sabidas. Quando os Europeus chegaram a Africa, tratava-se apenas de um reencontro... os Arabes do norte de Africa estiveram na Peninsula desde 711 a 1492...; quanto aos povos que estavam mais para sul, as suas tecnologias estariam no início da idade do ferro...

No oriente não era assim. Existiam contactos previlegiados com os Arabes, as culturas e as civilizações eram muito avançadas, disso imediatamente se deram conta Homens como Martim Afonso de Sousa ou Gracia de Orta. No campo da Medicina, na India o que se sabia era comparável ao melhor que havia na Europa; na China o que havia era bom mas muito diferente; no Japão estavam abertos a novas coisas. Os melhores médicos que praticavam na India do século XVI poderiam não conhecer importantes autores peninsulares como o sevilhano Avenzoar (1091-1162) — Abu Merwan ben Abd-el-Malek ben Zor — ou o cordovez Averróis (1126-1198) — Abu-l-Walid Mohammed ben Rosch— , mas conheciam certamente Hipocrates e Galeno, Aristóteles e Platão e outros traduzidos para siríaco e depois para o persa por nestorianos, discípulos e continuadores do Patriarca de Constantinopla Nestor (380-445) nas Escolas médicas de Edessa e de Gondishapur (Jundi-Shapur). Rasis ou Razes (850-926) — Abu Bekr Mohammed ben Zakaria er-Razi — era bem conhecido como Ben Zacaria, conheciam Ali ben Redhuan, comentador de Galeno e um dos Mesué. O Senhor do Concan e do Porto de Chaul, o Buhran Nizam Shah, um Amigo inúmeras vezes referido por Garcia de Orta, «*hu niza muxaa, que d'antes se chamava hu niza maluquo*», conhecia bem todos aqueles autores, e em diversas ocasiões os ensinou a Orta em arabio, enquanto Orta lhos ensinava em Latim, do que ele muito gostava e por sua causa igualmente o ensinavam os seus médicos Arábios e Coraçones (Coloquio. 36. do muugo melam da india...) e sobre este assunto podem ler-se com muito proveito os COLOQUIOS... de Garcia de Orta ou o grande Historiador da Medicina portuguesa que foi Francisco Manuel de Melo Breyner (1837-1903), conde de Ficalho, em GARCIA DE ORTA E O SEU TEMPO, 1886 ou nas «annotações» aos COLOQUIOS DOS SIMPLES E DROGAS DA INDIA POR GARCIA DA ORTA, 1895. Escreveu Ficalho: «... *se nos recordarmos de que os livros da medicina arabe foram a base so ensino universitário na Europa, durante a idade média ou mesmo no começo do renascimento, se, por outro lado, repararmos em que esses livros haviam em parte sido escritos em Baghdad e outros centros scientíficos da Persia, donde viera e continuava a vir o movimento intellectual musulmano para a India, teremos a explicação de um facto, à primeira vista singular. Comprehenderemos, por que motivo Orta ia encontrar n'aquellas regiões afastadas, em cidades centrais da India, e nas mãos dos doutores da Arábia, Persia e Turquia, o seu velho compendio de estudante, aquelle famoso **Canon** de Avicenna, que ouvíra explicar na Hespanha ao lente de Prima de uma universidade catholica*». E certamente terá sido este facto, a compreensão manifestada em relação à possibilidade de todas as culturas poderem ter acesso ao saber, a consciência da unidade daquilo a que chamamos Ciência, a abertura de espírito e a compreensão manifestada perante aquilo que se vê, se cheira ou se palpa que constituem o maior mérito de Orta e é verdadeiramente espantoso que cem anos depois de Ficalho isto seja ignorado e olhado com displicência. E há muito pouco cuidado com estas coisas: — Luis Filipe Barreto, em «Rumos do saber em Portugal do Renascimento ao Iluminismo», no CIENCIA EM PORTUGAL, 1991 de J. M. Gago, afirmava: «*Os Colóquios dos Simples e Drogas e Coisas Medicinais da India, Goa, 1563, de Garcia de Orta,* *descrevem cincoenta e sete drogas e plantas medicinais, bem como doenças e modalidades de tratamento ignoradas na Europa, apresentando a primeira descritiva ocidental da cólera asiática.*» que é a tradução de: «*Orta publicó en Goa los* **Coloquios dos simples** *(1563), donde describe 57 drogas orientales, entre ellas áloes, bangue, benjuí, alcanfor, canafístula, datura, linaloe, opio, ruibarbo, tamarindo y otras más, da la sinonimia, aspecto, lugar de procedencia y efectos terapéuticos. Orta fue el primero en describir clínicamente el cólera.*» (F. Guerra: HISTORIA DE LA MEDICINA, Madrid, 1989, p. 316). Ora, os COLOQUIOS são 58 mais um, o «*58. que trata dalguas cousas que vieram a notiça do autor das meezinhas ditas atras, e asi se acreçetam outras alguas mcezinhas ou frutas,...*» e ainda o «**COLOQUIO do betre e outras cousas...**». Há portanto bem mais de 57 motivos **e outras cousas** pelas quais a obra de Orta deverá ser lida, meditada e, se possível, compreendida.

Smilax aspera

Vesálio... «*Pasó entonces al servicio de Carlos V y después de algunas demostraciones anatómicas, en diversas facultades, publicó la* **Epistola... China radix** *(1546) sobre el uso de esta planta americana en la sífilis*»., escreve Francisco Guerra na página 254 da sua História de la Medicina, 1989, mais uma a juntar a muitas outras imprecisões com prejuizo para a História de Portugal, motivo que deveria servir de alerta e autocrítica, já que Historiadores da craveira de Vitorino Magalhães Godinho também caem no mesmo erro. Homens como **Duarte Madeira Arraiz** não caíram nesta armadilha e, no METHODO DE CONHECER, E CURAR O

MORBO GALLICO, Lisboa, 1683, lá vem que só «**depois de se haver achado o guaiacão, pao santo & raiz da China**» é que começou a usar-se a **sarça parrilha**, mais tarde salsaparrilha, identica à **Smilace aspera** de Dioscoridis, entre nós chamada **legacão**. Foi assim: Dioscoridis (40-90) descreveu a Smilax aspera, vulgarmente chamada **legacão**, que seria desprovida de importância terapeutica; nos últimos anos do século XV ou nos primeiros do século XVI os europeus começaram a utilizar o Guaiaco; a Raiz da China foi introduzida depois de 1535 e as salsaparrilhas americanas chegaram vinte anos depois. Ora, Vesálio para o tratamento da gota de Carlos V pode ter utilizado uma smilácea trazida pelos turcos, à venda em Roma e em outros locais e nunca uma mézinha americana que ainda não chegara à Europa, como veremos. A ser assim, nunca à smilácea Raiz da China se deveria chamar salsaparrilha, nome que no comercio das drogas deverá ser reservado às salsaparrilhas americanas e, no entanto, Vitorino Magalhães Godinho escreve: «*Também no extremo Oriente — China e Japão —, bem como no leste da India cresce espontâneamente uma planta trepadeira de espinhos, parecida com a salsaparrilha americana e que, da mesma família desta, está classificada sob o nome de Smilax China, Lineu. Forma moitas de três a quatro palmos de altura. As suas raízes, com o comprimento de cerca de um palmo, são, umas, grossas, outras delgadas: são elas que se comem, na China e na India, cruas e cozidas, e que se empregam como afrodisíaco e como sudorífico, aplicado sobretudo nas doenças venéreas mas também em muitas outras (escrófulas, paralisia, etc.). Conhecidas dos portugueses pelo nome de raiz ou pau da China, era igualmente pela expressão persa que corresponde a este último significado — chub-chini — que as nomeavam os Indianos. A India importava-as da China anteriormente à* *entrada em cena do comercio português; os Portugueses parece que só as conheceram e começaram a empregá-las a partir de 1535»* (V. M. Godinho: OS DESCOBRIMENTOS E A ECONOMIA MUNDIAL, 2ª ed., 1985, 2º vol., pp. 207-208).

Garcia de Orta, no COLOQUIO. 47 diz ter tido conhecimento e ter utilizado a mézinha Raiz da China em 1535 com bons resultados nas «talparias», talvez a micose que designamos pé de atleta ou pé de trincheira e na «sarna castelhana», aquilo a que chamamos sífilis, não se esquecendo de citar autores que entretanto tinham utilizado o produto na Europa: Vesálio(1514-1564), Andres Laguna (1499-1563) e Pietro Andrea Mattioli (1501-1577), deixando sem referência João Rodrigues, o Amato Lusitano, um médico que utilizou esta droga e que procurou conhecê-la e Ruy Diaz de Ysla.

Não foi tarefa fácil saber coisas sobre a Radix sinarum. Livro apresentado em 1971 por M. O. R. Meneses (Os Autores Ibéricos Quinhentistas...), desconhecendo a «squina», confunde-a com a quina, esquecendo que a quinina será extraída da americana Chinchona calisaya... Dimas Bosque, na carta ao seu antigo mestre conimbricense doutor Tomaz Rodrigues da Veiga, inserta nos COLOQUIOS, escreverá: *«Omitto quae de* **radiçe Cinae** *dicunt in altissimis montibus nasçi & a ferocissimis animalibus venenatisque serpentibus custodiri, Nulla eni Cinae regionis in littoribus pars reperitur quae hac radice non fit referta, sed distantiá loci & incognite regionis ignorātiá façile viros alioqui doctissimus a manifessitsimis erroribus & rediculis fabulis excusabit».* E Garcia de Orta, que escreve: «**Poré eu me qro gabar que fui o primeiro q isto vsei, e por meu emxempro ho fizerā ou outros**», depara com enormes dificuldades para conhecer esta mézinha, já que «**os purtugueses que hiam achina nã** cõuersauã em terra cõ os chis» e só durante a correcção final do seu livro, com o apoio de Dimas Bosque, no COLOQUIO. 58, acrescentará: «**Dimas. tãbé aueis dacreçentar mais no pao dachina ho que me della escreuerã he he que se da onde ho semeam arrimado ha aruores assi como ha era. OR. Eu creo isso pois que volo escreue testemunha de vista,**»

Voltemos um pouco atrás: após o regresso dos companheiros de Christivam Colon da sua segunda viagem à America, em 1494 e não 1493 como aparece em Orta, no COLOQUIO. 34, começou a manifestar-se em Barcelona uma doença aparentemente nova, que foi observada por Ruy Diaz de Ysla, posteriormente médico do Hospital de Todos os Santos, então em construção em Lisboa, o qual em **1539** publicará em Sevilha o TRACTADO CÕTRA EL MAL SERPENTINO: QUE VULGARMENTE EN ESPAÑA ES LLAMADO BUBAS, fruto do seu trabalho na Casa das Boubas daquele Hospital e onde refere «**... un palo que aora traen de la China por via de Portugal**».

Carlos VIII de França cercou Fernando II em Napoles e em 1495 os reis da Espanha unificada Fernando e Isabel enviam-lhe tropas de socorro sob o comando de Gonçalo de Córdova, mas havia soldados com **boubas** «*que as apegaram a muytas molheres cortesans, e ellas a apegaram aos Italianos da terra, e dahi lhe chamarã morbo napolitano, e em védose os Italianos infamados cõ este nome lhe chamaram éfermidade Françesa, e porq auia lá muytos espanhões: e castelhanos, lhe chamaram os nossos Purtugueses sarna castelhana,...*» (COLOQUIO. 34, p. 138).

Certamente que no antigo continente já haveria sífilis antes desta campanha, mas nunca se havia manifestado com tanta intensidade e o melhor que se arranjou como tratamento foi o guaiaco, trazido das Américas, um santo remédio que restituia à vida os infelizes pecadores que muito tinham amado. Provinha de plantas mais tarde classificadas como Zygophylleae, o Guaiacum sanctum e o Guaiacum officinale que Amato não terá dúvidas em dizer que eram como o pau do Bruxo e que o decocto deste pode beber-se (TERCEIRA CENTÚRIA, cura 36, Ancona, 1554). As qualidades do sagrado pau rapidamente foram louvadas e a multinacional Fugger tratou de obter o respectivo monopólio, como igualmente controlará a comercialização do mercúrio e mais tarde das salsaparrilhas. Nicolao Poll, Leonardo Schmauss e Ulrich von Hutten escrevem sobre o Guaiaco, respectivamente: Poll: De Cura Morbi Galici per Lignum Guayacanum, 1517; Schmauss: De Morbo Gallico Tractatus, 1518; e von Hutten: De Guaiaci Medicina et Morbo Gallico liber. Deste cavaleiro van Hutter (1488-1523), disse Orta: «*...ningum ouue qué o louuase escreueudo tantos escritores cada dia louuando ho guaicam porq étre elles hú fidalguo alemã escreue hú liuro de seus louuores em muyto copioso estilo: e mui puro Latim, e pudera ser escrito é húa folha de papel*».

Gonzalo Fernandez de Oviedo fala do Guaiaco na HISTORIA NATURAL E GENERAL DE LAS INDIAS (1535) e Nicolao Monardes (1493-1588) igualmente tocará este tema em DROGAS DE LAS INDIAS, 1569.

O grande impacto da Raiz da China na Europa teve lugar entre 1546 e 1550. Em 1546 Andre Vesal publica a célebre EPISTOLA RATIONEM, MODUNQUE PROPINANDI RADICIS CHINAE DECOCTI, QUO NUPER INVICTISSIMUS CAROLUS V USUS EST e em 1550 Amato Lusitano administra a Raiz da China ao papa Júlio III e ao sobrinho do papa, com aparato real e pontifíco (SEGUNDA CENTÚRIA, Cura XXXI, Roma, 1551), depois de já ter descrito a respectiva utilização na PRIMEIRA CENTÚRIA, Cura 90, Ancona, 1549, onde diz: «*De alguns anos a esta parte os nossos lusitanos que fazem a navegação da India, começaram a trazer para Portugal uma certa raiz, parecida com a das canas, proveniente da China e de mais além, utilizada pelos chineses para provocar sudação e tratar o mal gálico*». Amato, que até pode ser tido como um precursor da infeliz invenção do que em 1990 se chamará de «*genéricos*» — raiz das **canas** em vez da **raiz da China**, pau do **buxo** por **Guaiaco, legacão** por **salsaparrilhas** americanas — terá culpas na desvalorização da Raiz da China depois de 1550 porque não soube criar para ela um capítulo especial nos seus comentários a Dioscorides, mas antes a descreveu misturada com as canas, com o guaiaco e com as sarsaparrilhas. Amato diz ter tido conhecimento desta mézinha através de Vicente Gil «a Tristanis», um mercador assíduo na India, (PRIMEIRA CENTÚRIA, Cura 90, Ancona, 1549) para onde partiu em 1532, em 10 de Abril de 1536, em 25 de Março de 1540, em 1542... (Codice Add. 20902, British Library, in M. H. Maldonado: RELAÇÃO DAS NAUS E ARMADAS DA INDIA, 1985). A assinatura da tomada de posse de Diu foi em 25 de Outubro de 1535. Em 1536 Amato estaria em Antuerpia a publicar o INDEX DIOSCORIDIS.

A partir do meado do século XVI as salsaparrilhas americanas invadiram a Europa e rapidamente suplantaram a Raiz da China trazida pelos Portugueses «quase podre e sem virtude» em grandes e elegantes jarras de colo alto vidradas por dentro, de porcelana rija e grossa da Ilha Martaban, mas incapaz de concorrer com a raiz da China trazida pelos turcos e vendida em Roma e Veneza, mais pesada e alcançando três vezes melhor preço. (Amato Lusitano: PRIMEIRA CENTÚRIA, Cura 90, 1549, Ancona).

Em 1551 preparados de salsaparrilhas tinham grande

procura em Sevilha (M. Fernandez-Carrion e J. L. Valverde: RESEARCH NOTE ON SPANISH-AMERICAN DRUG TRADE, Pharmacy in History, 1988, vol. 30, nº 1, pp. 27-32).

Amato, sempre em busca de novidades, foi dos que primeiro se interessaram pelas salsaparrilhas e chamou-lhes de início **Rubus viticosus**, reconhecendo depois que correspondiam à **Smilax aspera** de Dioscorides (QUINTA CENTURIA, Cura 10, 1561, Salonica). Do IN DIOSCORIDIS ANAZARBEI DE MEDICA MATERIA, 1553, Veneza, da edição de Lyon, 1558, «*Enarratio CXIX: Est quoque hodie radix quaedam subtilis, quam quoque ex Peru provincia superioribus annis repertem Hispani adferre coeperunt & eam ex **sarcam parrilam**, sua voce appellitant, quod verbum ego rubum viticosam, nom deerit quoque qui encomium nobis describat. **Radicem chinarum** capite de calamis attigimus, de qua nos plura in lucem Deo duce mittemus...*»

Syphilis, sive morbus gallicus

Girolamo Fracastoro (1478-1553) publicou em 1530 o poema **SYPHILIS, SIVE MORBUS GALLICUS**, que forneceu o nome definitivo à sarna castelhana, mal português, boubas, fringui, mal napolitano, gálico...

Francisco Guerra diz que «*La obra clave sobre el origen, caracteres y tratamiento de la sifilis es el tractado contra el mal serpentino... (1539 y 1542) de Ruy Diáz de Ysla (1462-1542) natural de Baeza y cirurgiano del Hospital de Todos los Santos de Lisboa, que trató los primeros enfermos que regressaron con bubas en la armada de Colón em 1493, y asegura haber atendido personalmente mas de 20 000 casos*» (História de la Medicina, T. I., 1989, p. 282). Tratando-se da segunda viagem, seria já em 1494 e Ysla estaria em Barcelona. No regresso da primeira viagem Colon, o «**espicial amigo**» do salvo-conduto de 20 de Março de 1488 assinado por **D.João II**, desembarca em Lisboa no dia 6 de Março de 1493, e depois de muito bem acolhido seguiu a dar as novidades aos reis católicos que em **7 de Julho de 1494, em Tordesilhas**, acordarão com Portugal uma divisão do mundo em que desistem do périplo africano e perdem um Brasil de que não suspeitam. Voltando a Francisco Guerra e a Diáz de Ysla, «*la enfermedad importada de America aquel anõ fueron las bubas o framboesia*», uma treponematose tropical distinta da sífilis.

António Nunes Ribeiro Sanches (1699-1783) durante a sua permanência na Corte e Exercito da Russia em 1737-47 tentou esclarecer o problema da origem da sífilis, mantendo correspondência com os Jesuitas portugueses de Peking, quer pelas caravanas que atravessavam a Sibéria, quer por Londres, através de Jacob de Castro Sarmento (1691-1762) e Macau, procurando saber do 3º Bispo de Peking, Polycarpo de Sousa, seu contemporâneo de Coimbra, se no Celeste Império haveria sífilis antes da descoberta da América,). O Bispo respondeu: «De tempo imemorial se conhece o galico nestas paragens, segundo infiro do seu nome – Tien-pau-chuang – (chaga com que o céu se vinga). Alguns livros antigos de medicina tratam dele e parece que faz os mesmos estragos de apodrecer narizes, como na Europa. Para se pegar basta beber chá pela mesma chávena, comer com os mesmos palitos, tomar o halito e o que mais é, ir imediatamente à mesma latrina... o remédio universal é comer tudo cosido em água de Kina-molis (Raiz da China) que eles chamam Tu-fu-Im» (Cotado em: C. R. Boxer: ESTUDOS PARA A HISTORIA DE MACAU, I, 1991, p. 169).

10. LUIS DE CAMÕES E GARCIA DE ORTA

> «*O sonho é ver as formas invisíveis*
> *Da distância imprecisa,e, com sensíveis*
> *Movimentos da esp'rança e da vontade,*
> *Buscar na linha fria do horizonte*
> *A árvore, a praia, a flor, a ave, a fonte —*
> *Os beijos merecidos da Verdade.*»
>
> Fernando Pessoa: Mensagem,
> Horizonte, 1934

O «**doutor Orta**» no começo dos COLOQUIOS..., 1563, Goa, depois de desejar perpétua felicidade e imortal fama ao muito ilustre Martin Afonso de Sousa, introduz o soneto «*Do autor falando cõ ho seu libro / e mandao...*» a este Senhor, depois do que se segue a muito célebre ode «*Ao Conde do Redondo, viso Rey da India, Luís de camões*» e a carta de apresentação «*Do liçençiado, dimas bosque, medico valençiano ao leitor*». A ode escrita por Camões é justamente célebre porque foi o seu primeiro trabalho impresso, restando saber se não terá dado uma «mãozinha» à feitura do soneto, uma vez que por estrutura e linguagem se encontra próximo de outras composições suas e acrescente-se o paralelismo entre esta situação e o que se passa em **HISTÓRIA DA**

PROVUÍNCÍASÃCTA CRUZ, a qui vulgarmete chamamos Brasil, 1575, feita por Pero de Magalhães de Gandavo, que insere a composição «*Ao muito ilustre senhor Dom Lionis Pereira sobre o liuro que lhe offerece Pero de Magalhães: tercetos de Luís de Camões*», em número de trinta e seis, seguida de um «*Soneto do mesmo Autor ao senhor Dom Lionis, acerca da victoria que ouue contra el Rey do Achem em Malaca*». O Soneto «*Do autor falando cõ ho seu libro...*», é assim:

> «Seguro liuro meu. dàqui te parte
> que com húa causa iusta: me consòlo
> de verte ofereçer ho inculto colo,
> Aô cutello mordaz, em toda parte:
> Esta he, que daqui mando examinarte
> Por hum Senhor, que dehum ao outro pollo
> Sò nelie, tem mostrado ho douto apolo
> ter cõpetençia igual co duro marte
> Ali acaharas defensa verdadeira:
> Com força de RAZÕES, ou de ousadia.
> Que húa virtude, a outra não derrogua
> Mas na sua fronte ha Palma, e ha ouliueira.
> Te diram que elle sò, de igual valia
> Fez co sanguineo arnes, ha branca togua.»

Na verdade, vamos encontrar estes sons e estas ideias em muitos versos de OS LVSIADAS, 1572, por exemplo «*Ao cutelo mordaz, em toda a parte*» encontraremos correspondência em «*Cantando espalharey por toda a parte*» (Canto primeiro, 2) ou «*Tanto em armas illustre em toda parte*» (Canto Décimo, 67); «*Por hum Senhor, que dehum ao outro pollo*» será lembrado «*Em quanto corre dhum ao outro Polo*» (Canto Quinto, 15); «*Com força de RAZÕES, ou de ousadia*», passará a «*Que lha não tire o esforço &*

ousadia» (Canto Terceiro, 17), «*Mas na sua fronte ha Palma e ha Ouliueira*» transforma-se em «*De Minerua pacifica Ouliueira*» (Canto sexto, 13), etc. Sabemos com que maestria Camões recuperou Romances Velhos e que em princípio nada impediria o doutor Orta de versejar. Por tudo, aí fica o problema à apreciação dos estudiosos de Camões, que aqui poderão encontrar uma composição que não acrescentará a fama deste admirável poeta, nem tão pouco beliscará o bom nome do autor dos COLOQUIOS, antes os aproxima.

Não existem registos nem cópias de certificados de matrícula relativos aos estudos de Camões, mas aponta-se como muito possível que tenha frequentado a Livraria e eventualmente Cursos da Universidade de Coimbra que entre 26 de Janeiro de 1538 e 20 de Setembro de 1544 se professaram no Mosteiro de Santa Cruz por exiguidade de instalações noutros locais, numa época em que D. João III decidiu que «**aos estudantes de Física é muito proveitoso e necessário ouvirem Artes e Filosofia e terem exercído de letra com os filósofos**». — «Dedinho» do doutor Pedro Nunes? — O intervalo entre 1541 e 1544 corresponde à passagem de **Luis Nunes** por Coimbra, antigo professor do Curso de Artes em Lisboa depois de 31 de Outubro de 1529, colega e colaborador de **Pedro Nunes** e **Garcia de Orta**, licenciado e Doutor em Medicina em 1535, que em Junho de 1545 estará em Antuerpia a publicar a sua edição do DICTIONARIUM **AELLI ANTONII NEBRISSENSIS** *iam denuo innumeris dictionibus locupleta um.*

Camões inumeras vezes recorre a Apolo, o Médico, nomeadamente no Canto Terceiro de OS LVSIADAS, logo de início: «AGora tu Caliope me ensina / ... / Assi o claro inuentor da Medicina,...» e depois e principalmente na Estância 97:

> «(Dinis)... Fez primeiro em Coimbra exercitar-se,
> O valeroso officio de Minerua,
> E de Helicona as Musas fez passarse,
> A pisar de Mondego e fertil erua:
> Quanto pode de Athenas desejarse,
> Tudo o soberbo Apolo aqui reserua.
> Aqui as capellas da tecidas de ouro,
> do Bacaro, & do sempre verde louro.»

Então os capelos dos Mestres de Medicina eram dourados e os dos Canonistas eram verdes, mas não esqueçamos que o Hospital de Nossa Senhora da Conceição e a Misericórdia se situavam numa zona que ainda hoje está rodeada de «capelas» assinaladas por ramos de loureiro que já foram verdes, com leitão assado, o dourado bácoro, sem esquecermos de que na época, como ainda hoje, nas festas universitárias o loureiro era utilizado como elemento decorativo e os estudantes sentiam-se coroados de louro quando tinham exito nos exames. Era assim nos poetas novilatinos, em Inácio de Morais do CONIMBRICAE ENCOMIUM, 1553 ou no Diogo Pires DE GYMNASIO CONIMBRICENSI A IOANNE REGE EXSTRUCTO, quando celebra uma juventude sedenta de glória, coroada de louros: «*interea docta laurea fronde viret*» (A. C. Ramalho: LATIM RENASCENTISTA EM PORTUGAL, 1985, p. 208).

A sensibilidade de Camões para as coisas da Medicina ficou bem assinalada ao longo de toda a sua obra e especialmente no Canto Décimo de OS LVSIADAS, onde são maravilhosamente descritas muitas plantas com interesse médico.

DIMAS BOSQUE

Dimas Bosque, Valenciano e licenciado que terá assistido a aulas de Tomás Rodrigues da Veiga em Coimbra, foi médico do 7º vice- Rei da India, D. Constantino de Bragança. Sabemos pouco àcerca das suas origens e formação médica, sabemos o que escreveu sobre a docência de Tomás Rodrigues, compreendemos que tenha ajudado Garcia de Orta a rever os COLOQUIOS e lastimamos não saber mais sobre a sua acção em Goa e em Ceilão.

De Tomás Rodrigues da Veiga (1513-1579) Dimas Bosque disse em poucas linhas o melhor possível e de forma a colocar este mestre na fila dos melhores professores universitários de então: «**... quod ego de te intellexi doctor aplissime cú in florentissima Conimbricensi Academia medicae facultatis praeceptis te doçente operam dabam, curabas enim agrestes herbas ex siluestris mõtibus, in *domesticum hortum* deduçi: vt ipsas nascentes, adolescentes, floribus refertas & tandem maturas cognosceres**», isto é, sentindo-se a necessidade de melhorar as terapeuticas existentes e de encontrar meios de cura para as novas doenças que iam sendo identificadas, nada melhor que criar **jardins botânicos** onde o processo do nascimento, crescimento e floração das plantas com interesse médico podesse ser acompanhado, à semelhança do que faziam Rodrigues da Veiga em Coimbra e Garcia de Orta em Goa, Otto Brunfels (1464-1534) em Berna, Jean de la Ruelle (1474-1537) em Paris, Hieronymus Bock (1498-1560) em Zweibrucken, Leonhard Fuchs (1501-1566) em Tubingen, Charles de l'Ecluse em Viena de Austria, Conrad Gesner (1516-1565) em Zurich, Andrea Cisalpino (1519-1603) em Pisa, Prospero Alpino (1553-1617) em Pádua, ou Gaspar

Bauhin (1560-1624) em Basileia e tais ideias irão fazer doutrina dois séculos mais tarde, na Reforma Pombalina e Estatutos da Universidade de Coimbra publicados em 1772. Nesta Reforma, os Estudantes Médicos do primeiro ano teriam «**Huma vez em cada semana... a Lição no *Jardim Botanico*...**» para «adquirirem o conhecimento ocular de todos os productos da natureza que tem uso na Medicina», para que aumentem os conhecimentos nesta matéria e se possam descobrir novos remédios, ao mesmo tempo que deveriam comparar as plantas vivas com desenhos, «**e se acostumem a entender a linguagem do desenho**» (Estatutos da Universidade, Curso Médico, III, I, III, I, 9 e 10). «**... o Jardim Botânico he um Estabelecimento commum das Faculdades *Médica*, e *Filosofica*, para a cultura das Plantas uteis às Artes em geral, e à Medicina em particular...**» (Estatutos da Universidade, Curso Filosofico, III, III, VI, II, 4).

Em Goa entre 1558 e 1561 «**ho licéçia do dimas Bosq' pessoa d muito boas letras, e home' de muyta verdade, e de muyto gentil juizo nas curas q faz**» (Garcia de Orta: COLOQUIO. 42. do pao da cobra, p. 159) presta assistência ao vice-Rei Constantino de Bragança e ficará disponível para os que se seguem, aconselhando sobre preços e qualidade das drogas a adquirir, intervindo na vida cultural, debatendo questões de Lógica no **Colégio de S. Paulo**, tratando doentes. Seria certamente visita assídua e ouvinte atento de **Garcia de Orta**, onde encontraria um rapaz talentoso e infeliz, com uma cicatriz feia no rosto e cego de um olho, que fazia versos por desfastio e para enganar a fome, um pinga-amor perdulário e trinca-fortes, amigo do seu amigo, **Luis de Camões** (1525-1580) que viveu no Oriente entre 1553 e 1569.

Em 1560 Dimas Bosque acompanhou o vice-Rei a Jafnapatam, em Ceilão, sendo muito solicitado numa epidemia de disenteria quando passaram na **ilha de Manaar**, onde lhe sobrou tempo para observar, em companhia do padre Henrique S. J. um animal raro: «*... cum clamoribus piscatores Patrem Henricum ad suas ut iret scaphas rogantes, spectatum ingens miraculum naturae*». Nem mais nem menos, os pescadores, com enorme surpresa, acabavam de encontrar nas redes dezasseis exemplares de **dugong**, o **Halicore indicus, Cuvier**, nove fêmeas e sete machos. Já escreveram sobre isso Ficalho e Jaime Walter (Dimas Bosque... e as Sereias, Rev. STUDIA, XII, p. 261, cotado em J. V. Menezes: Armadas portuguesas. 1987, p. 290). **Ficalho** (COLOQUIOS DOS SIMPLES E DROGAS DA INDIA, II, 1895, p. 385), diz: «*Dimas Bosque examinou-os e estudou-os attentamente. Notou a fórma redonda da cabeça; as orelhas parecidas com as do homem; os olhos muito diversos dos dos peixes, e cobertos por palpebras; os dentes, igualmente diversos dos dos peixes, as mamas das femeas similhantes às da especie humana: neque eas feminis pendulas, sed quales virginibus globosas. Apertando aquelas mammas, o medico observou tambem que deitavam leite branco. Examinou igualmente os orgãos genitaes, e advertiu que se pareciam muito com os da especie humana, tanto exterior como interiormente, por onde se vê que se não contentou com a inspecção externa e procedeu a dissecções. Nos membros posteriores é que se observava a principal differença em relação ao homem, pois terminavam em uma cauda de peixe, tal como os autores antigos contavam das sereias*», cotado em Orlandino, Hist. Soc. Jesu, na Pars secunda do Padre Francisco Sacchino, lib. IV, pág. 162.

A vida de Dimas Bosque deu para «ir vivendo» e em 4 de Setembro de 1561 tornou-se proprietário da ilha de Santa Cruz, no rio Zuari, Mormugão, em frente da parte velha de Goa, facto e nome de ilha que sugerem um salto até ao Brasil e uma leitura da **HISTÓRIA DA PROUÍNCIA SÁCTA CRUZ a que** vulgar mete chamamos **Brasil feita por Pero de Magalhães de Gandavo,** 1575, **Cap. 9. Do monstro marinho que se matou na capitania de Sam Vicente no anno de 1564**: «*Foy cousa tam noua, & tam desusada aos olhos humanos, a semelhança daquelle fero & espantoso monstro marinho que nesta prouincia se matou no anno de 1564 q'ainda que por muitas partes do mundo se tenha ja noticia delle, nam deixarey todauia de a dar aqui outra vez de nouo, relatando por extenso tudo o q' acerca disso passou. Porque na verdade a mayor parte dos retratos, ou quasi todos, em que querem mostrar a semelhança de seu horrendo aspecto, andam errados,...*» E Gandavo conta o que foi a caça ao «bicho», mas, porque certamente o não viu, não o descreve: «*O retrato deste Mõstro, he este q' no fim do presente capitulo se mosra, tirado do natural. Era quinze palmos de cõprido & semeado de cabellos pelo corpo, & no focinho tinha húas sedas muy grãdes como bigodes, Os Indios da terra lhe chamão em sua lingua Hipupiára...*»

Gandavo, que escreveu REGRAS QUE ENSINAM A MANEIRA DE ESCREVER A ORTOGRAFIA DA LINGUA PORTUGUESA e depois um DIALOGO EM DEFENSÃO DA LINGUA, 1574, residiu no Brasil e até poderá ter visto a «Hipupiára», mas não a descreveu, apenas apresentou um desenho, elemento de prova que faltou ao Jesuita que relatou em latim a observação de Dimas Bosque. Descrição e iconografia são as pedras angulares de toda a História Natural e sem elas é impossível o conhecimento dos seres vivos.

Quando acidentalmente o padre **António Vieira** (1608-1697) se meteu por estes caminhos, escreveu assim: «*Navegando daqui para o Pará..., vi correr pela tona da água de quando em quando, a saltos, um cardume de peixinhos que não conhecia; e como me dissessem que os Portugueses lhe chamavam* **quatro-olhos***, quis averiguar ocularmente a razão deste nome, e achei* *que verdadeiramente têm quatro olhos, em tudo cabais e perfeitos... Mais me admirei ainda, considerando nesta maravilha a circunstância do lugar. Tantos instrumentos de vista a um bichinho do mar, nas praias daquelas terras vastíssimas, onde permite Deus que estejam vivendo em cegueira tantos milhares de gentes há tantos séculos?*

...Filosofando, pois, sobre a causa natural desta providência, notei que aqueles quatro olhos estão lançados um pouco fora do lugar ordinário, e cada par deles unidos como os dois vidros de um relógio de areia, em tal forma que os da parte superior olham direitamente para cima, e os da parte inferior direitamente para baixo. E a razão desta nova arquitectura é porque estes peixezinhos, que sempre andam na superfície da água, não só são perseguidos dos outros peixes maiores do mar, senão também de grande quantidade de aves marítimas, que vivem naquelas praias; e como têm inimigos no mar e inimigos no ar, dobrou-lhes a natureza as sentinelas e deu-lhes dois olhos, que direitamente olhassem para cima, para se vigiarem das aves, e outros dois que direitamente olhassem para baixo, para se vigiarem dos peixes.»

O honesto estudo, o engenho, a longa experiência, a averiguação ocular, o saber de experiência feito e o ver claramente visto que possibilitaram descobertas marítimas e terrestres nos séculos XV e XVI, marcavam ainda profundamente a maneira de estar no mundo de muitos portugueses que, longe do Portugal da Europa, e ainda que pertencendo à Companhia de Jesus, pensavam livremente e já escreviam como quem abre caminho para o aparecimento do ON THE ORIGIN OF SPECIES, 1859, de Charles Robert Darwin (1809-1882). Aquele excerto pertence ao Sermão do padre António Vieira pregado em 17 de Junho de 1654 em São Luis do Maranhão. O peixe quatro-olhos é o Anableps tetrophthalmus, cujos olhos possuem, cada um, dois sistemas ópticos distintos, para a visão em meio aéreo e em meio aquoso, respectivamente. Tais adaptações encontram-se devidamente registadas no SYSTEM OF OPHTHAMOLOGY editado por Stewart Duke-Elder, vol. I, THE EYE IN EVOLUTION, 1958, pp. 324-326.

11. OS DESCOBRIMENTOS E A LINGUA

> «... nesta capacidade de compreender e amar a diversa humanidade, na larga efusão da simpatia, no quente abraço de fraternidade com que se conquista o próprio inimigo... está verdadeiramente gravada a marca lusitana».... OS LUSIADAS «São a epopeia duma pequena Pátria, que descobriu e unificou o Mundo, pelo conhecimento, pelo amor e pela Fé»
>
> JAIME CORTESÃO: Historia dos Descobrimentos Portugueses, 1979

Os editores de HISTORIA DOS DESCOBRIMENTOS PORTUGUESES, 1979, Circulo de leitores, V. M. G. e J. S., Vitorino Magalhães Godinho e Joel Serrão, não se esqueceram de juntar ao III volume desta monumental obra de Jaime Cortesão, um Capítulo XIII, DESCOBRIMENTOS: LINGUA PORTUGUESA E HUMANISMO, que começa por uma citação de Leibnitz: «a língua é o espelho da inteligência e do carácter de cada povo» para depois nos mostrar exemplos numerosos da influência que descobrimentos e epopeia marítima tiveram na linguagem corrente. Profundo conhecedor da língua portuguesa e também poeta, Jaime Cortesão socorre-se de exemplos colhidos na linguagem popular e nos melhores autores; porém, no tempo tenebroso em que viveu, se quizesse descer aos chavões que desde o século XVI enxameiam discursos de políticos e comentadores políticos, nem precisaria perder muito tempo em pesquisas, bastar-lhe-ia consultar os jornais diários, onde encontraria, misturadas com nação e pátria, palavras como timoneiro, leme, rota batida, ventos e porcelas, norte, bom porto, sondagem, e muitas mais.

No discurso médico este tipo de linguagem oferece efeitos inesperados. O Capítulo IV. DE LOS USOS DE CADA PARTE DEL CEREBRO, da ANATOMIA COMPLETA DEL HOMBRE, 1728, pp. 401 e 402, Madrid, de **Martin Martinez** (1684-1734), ilustra bem a influência que a civilização marítima resultante das viagens de portugueses e espanhóis teve no falar corrente, neste caso longe da orla marítima, bem no centro geográfico da peninsula:

«ENtramos à otro punto mas dificil, è insoluble, que el nudo de Gordio, en el cuyo empeño no es la impaciencia de romperle, arbitrio para desatarle; este es el vso de cada vna de las partes del Cerebro: Assumpto, aunque no muy vtil para la Practica Medica, no obstante muy curioso para la Physica, y Metaphysica, y en que han trabajado los mas vivos ingenios (no sè si con tan buen sucesso como conato) entre los quales se pueden contar por muchos **Carthesio** (René Descartes, 1596-1650), **Willisio** (Thomas Willis, 1621-1675), *y* **Lancisi** (Giovanni Maria Lancisi, 1654-1720).

No sirve de poco estorvo para el examen de esta inaccessible duda, el no concurrir ordinariamente vnidas as partidas, que son precisas para resolverla; pues los que posseen *las noticias Anatomicas, comunmente estàn muy abstraidos de las reflexiones metaphysicas, y, nuestros Metaphysicos carecen, y no sè diga desprecian los conocimientos Anatomicos. Otro impedimento ay para descurrir en esta controversia, pues en los vsos de las demàs partes **navega** el entendimiento, ayudado de la **experiencia**, que es **la aguja de marear** en el **golfo** de la conjetura; y por mas que esta **aguja nordestee**, y **salte à señalar** el **polo fixo** de la verdad, à lo menos no le anda lexos, y **señala** lo que mas se le acerca, que es la verisimilitud; pero siendo el Alma puro espiritu imperceptìble à nuestros sentidos, y prohibiendo la piedad hazer observaciones en el Cerebro humano, para reparar las varias novedadas que acaso ocurren en la variedad de las idèas, en esta materia **navega** el discurso **sin aguja, ni imàn**, por el **inmenso pielago** de las dudas, sin saber, por mas que **camine**, en què **altura** de verdad se halle. (...) Pero yà que hemos de **surcar** como los demàs este **pielago**, antes de **dàr las velas al viento**, se debe suponer lo primero, que en nosotros ay vn espiritu, ò Alma cogitante, distinta de toda materialidad,...»*

O Professor Martin Martinez, encarregado do Teatro Anatómico de Madrid, sócio da Regia Academica de Ciencias de Sevilha, autor de uma Anatomia Completa que teve nove edições, muito provavelmente faria como certos políticos quando lhe escasseiam as certezas, **metia água**, mas sempre foi lembrando que: «*prohibiendo la piedad hazer observaciones en el Cerebro humano*», «*En nuestras Universidades es sabido, que no se hazen dissecciones...*» e depois, acabará por explicar que «*En orden à Estampas pongo las mas precisas* (copiadas de Vesálio) *para formar idèa de la organizacion, omitiendo las de aquellos miembros, que son muy conocidos, pues ridiculo serìa hazer efigie de lo que*

115

continuamente podemos vèr el original. En Miologia no demuestro con Estampas algunos mas profundos musculos, porque para que los Cirujanos se expliquem, y obren, me pareciò bastaba mostrar el sitio, y nõbre de los q'primero aparecen, quitado el cutis.»!!!!! E no entanto Martin Martinez tem presente que «*Murrió Hypocrates, y con èl murió la Medicina verdadera, porque faltò la aplication observativa.* **Acà la Anatomia se cree por fee...** *(...) No pocos ay tan atidos à lo que de sus Maestros aprendieron, que en oyendo algo nuevo tocan à rebato, y no ay apartarlos de su opinion, aunque vean por sus mismos ojos lo contrario. De vno de estos refiere Galilei vn cuento bien gracioso: Estaba cierto cèlebre Anatomico demonstrando, que el origen de los nervios era el Cerebro, y no el Corazon, como quiso Aristoteles: hallòse presente vn Peripathetico, el qual* **aviendo claramente visto**, *que todos los nervios salian de vn tronco medular, que nacia del Cerebro, y que al Corazon solo entraban algunos pequeños ramillos, dixo:* **Tan patente aveis puesto à los ojos el nacimiento de los nervios, que si el texto de Aristoteles no dixera lo contrario, casi estuviera para creerlo.**»

Ferimento e morte de Henri II

Aproveitando a maré e navegando de rota batida conforme os ventos da linguagem, à-toa no século XVIII, sem perder a tramontana, marcha à ré e século XVI, que vem vai ao mar aparelha-se em terra e debaixo do temporal usa sondas e tábuas de salvação.

Em 30 de Junho de **1559** Henrique II de França, quando brincava aos torneios, foi atingido entre os olhos pela ponta de uma varola de madeira, que se partiu, tendo havido fragmentos de madeira que se insinuaram no canto interno do olho esquerdo, segundo a descrição de **Ambroise Paré (1510-1590)**, que se insinuaram por trás do olho direito e penetraram na cavidade craneana, na descrição do então médico de Felipe II, **Andreas Vesal (1514-1564)** que foi chamado e chegou cinco dias depois. O rei morreu em 10 de Julho de 1559, aos 40 anos de idade e **Vesálio** fez autópsia e relatório de que se conserva cópia descoberta há alguns anos no Departement des Manuscrits de la Biblioteque Nationale, Paris; **Paré** refere-se a este asunto no livro LA MÉTHODE CURATIVE DES PLAYES ET FRACTURES DE LA TESTE HUMAINE, 1561; Mme. P. Dumaitre (Ambroise Paré, Vésale, la mort de Henri II: L'OPHTALMOLOGIE DES ORIGINES À NOS JOURS, 1983, 4, 29-36), que nos dá conta do assunto, diz que **Paré** ainda não tinha posição de destaque, **Vesálio** veio de Bruxelas e tudo foi tentado para salvar o rei. «*On décapita en hâte, raconte Vieilleville dans ses Mémoires, quatre criminels enfermés à la consiergerie du Palais et du Gran-Châtelet. Sur ces têtes coupées, les chirurgiens enfoncèrent le tronçon de lance afin d'approfondir la palie et de trouver l'endroit du cerveau où les esquilles de tronçon avaient pu se loger. Sur le roi, il n'arrivèrent à aucun rèsultat....*»

Em **1558**, «*no tempo em que Henrique II, rei de França recuperou Calais aos Ingleses*» na desde sempre ameaçada Ragusa, hoje esventrada Dubrovnik, banhada pelo Adriático, antigo mar llírico, **Amato Lusitano** (1511-1568) será chamado a tratar o capitão de um navio do armador Grádio, violentamente espancado na cabeça, objecto de um **Diálogo sobre os ferimento do crânio**, com observações judiciosas sobre o mecanismo das fracturas (SEXTA CENTÚRIA, Cura 100, Salonica, 1559) e a indicação de que conhecia o que se

117

passava em Salamanca, Alcalá, Paris, Coimbra, Lovaina, Ferrara, Pádua e Bolonha, onde convivera bastante.

Em alguns cadáveres **Amato** trepanou o crâneo à procura do cérebro «*corrompido*», com esfacelo, gangrena e foi isso o que encontrou no hebreu Alizalain, de 27 anos, atacado de doença gravíssima e mortal no dia 4 de Setembro de **1546** e só durou 48 horas (PRIMEIRA CENTÚRIA, Cura 9, Ancona, 1549). Melhor resultado teve uma rapariguinha que caíu pela escada e sofreu fractura com afundamento na região temporal, de que recuperou após aplicação de uma **ventosa** que ardeu com muita chama (PRIMEIRA CENTÚRIA, Cura 19) ou o ferido que estava perfeitamente bem cincoenta dias depois de ter levado uma espadeirada na cabeça (SEGUNDA CENTÚRIA, Cura 83, Roma, 1551), caso que lhe merece o comentário: «**O médico e o cirurgião que se aproximam do corpo humano e o pretendem tratar sem conhecer com rigor a anatomia e a fisiologia dos diversos orgãos e sistemas, devem ser considerados como um carpinteiro distraído e de olhos fechados que corta madeira para fazer um banco. É necessário que o médico e o cirurgião conheçam muito bem a Anatomia.**»

Na SEXTA CENTÚRIA, Cura 100, Amato recorda ter aprendido Cirurgia aos dezoito anos de idade, em Salamanca, nos Hospitais de Santa Cruz e de D. Branca, orientado por Pontano e Olivário. Este Mestre Pontano poderá ser Pedro (?) Ponte, bacharel que cursava Medicina em 1512, filho (?) do doutor Juan de Ponte, falecido em 1528, possívelmente português (Armando de Jesus Marques: PORTUGAL E A UNIVERSIDADE DE SALAMANCA, Salamanca, 1980, p. 304-305) e quando a princesa D. Maria, filha de D. João III casou, o noivo Felipe II assistiu à entrada da noiva na cidade, disfarçado, à janela da casa do Dr. Olivares, físico real (A. J. Marques: obra citada, p.8).

Amato considera que um médico deve saber Cirurgia e coloca na boca de Vanúccio a afirmação. «*... até os divinos **Macaon** e **Podalírio** (Filhos de **Asclépio**), praticavam a cirurgia, curavam com as mãos. Agora os médicos contentam-se com a palpação do pulso... imitam o **ABENZOAR** (Ibn Zuhr, 1091-1162) mal disposto, depois de ver sangue, achando que um físico não deve praticar cirurgia*». Resposta de Amato: «*Não indaguei suficientemente se Hipocrates praticava a cirurgia, mas verifico que isso está proibido no juramento... o que foi respeitado pelos Romanos que decretaram e sancionaram por lei a separação entre a Medicina, que curava com alimentos e medicamentos e a Cirurgia*» (SEXTA CENTÚRIA, Cura 100).

Na QUARTA CENTÚRIA, Cura 69, Ancona, 1553, Amato afirma que «*Galeno tinha experiência cirurgica e não ignorava que os filhos dos deuses a tinham exercido, devendo ser considerado infeliz todo o médico orgulhoso da sua «doutrina» e que rejeite a prática.* **Um médico que conheça a parte pratica da sua arte, é como o capitão de um navio que conhece a arte nautica e sabe remar e trepar aos mastros.**»

ESTA É A LINGOAGEM DE CALICUT

O ROTEIRO DA PRIMEIRA VIAGEM DE VASCO DA GAMA atribuido a Álvaro Velho, tem anexas uma relação dos reinos a sul de Calecut com seus produtos de interesse comercial e medicamentoso e indicação do «preço por que se vende a especiaria em Alexandria» e a lista de 122 palavras ESTA É A LINGUAGEM DE CALECUT: «*folha, ouves, tira-lhe, tirar, corda, alarga, dá-me, beber,...*» com a transcrição dos respectivos significados ao lado. Na sua incipiência, ajudando o estabelecimento de futuros contactos, obedecendo a um padrão que outros irão seguir, nomeadamente o Cavaleiro António Pigafetta no relatório NAVEGAÇÃO E DESCOBRIMENTO DA INDIA SUPERIOR (1519-1522) e independentemente de haver ou não correspondência entre os fonemas portugueses e a transcrição em «linguagem de Calicut», há dois aspectos muito curiosos neste «Dicionário»: o emparelhamento sequencial e as séries com interesse médico-social e higiénico. « — *toma/não quero — vai-te/vem cá — doido/sisudo — dai-lhe/pau/pedra — dentes/beiços/nariz/olhos/ testa/cabelos/cabeça/orelhas/lingua/pescoço/mamas/peitos/ braços/estômago/pernas/penis/testiculos/cu/mãos/dedos/vagina/ — dormir/homem/mulher — peido/beijar/morder/olhar — ouvir/bater — comer/mijar — cópula/toma/vamo-nos — cão/ cadela/moço/menino...*»

E isto acontecia quando «*As mulheres desta terra em geral são feias e de pequenos corpos, e trazem ao pescoço muitas joias de oiro, e pelos braços muitas manilhas; e nos dedos dos pés trazem aneis, com pedras ricas*» e de todos os habitantes de Calecut recebiam os portugueses «*muito gasalhado, folgando muito todos quando algum ia a sua casa, a comer ou dormir; e de tudo o que tinham lhe davam, com muita boa vontade*» e houve tempo para tudo apesar das intrigas dos mouros e da vigilância dos homens do Samorim (ROTEIRO DA PRIMEIRA VIAGEM DE VASCO DA GAMA (1497-1499), ed. Neves Águas, 1987).

E por estas e por outras Camões enfiou no Canto Nono de OS LVSIADAS uma Ilha dos Amores «*Pera premio de quanto mal passarão,*» (Est. 19), onde fossem buscar «*Algum repouso em fim, com que podesse / Refucilar a lassa humanidade / Dos navegantes...*» (Est.20) atraídos por algum «*... delgado cendal* *que as partes cobre, / De quem vergonha he natural reparo, / Porem nem tudo esconde, nem descobre / O veo dos roxos lirios pouco auaro: / Mas pera que o desejo acenda, & dobre, / Lhe poem diante aquelle objecto raro.*» (OS LVSIADAS, II, 37, 1572).

COMIDAS E BEBIDAS

> «... *Tereis, senhor, ò jantar*
> *vaca magra sem toucinho, com seu quartilho de vinho...*
> *...À ceia da vaca fria,*
> *rábão, queijo, e salada,...*»
>
> GARCIA DE RESENDE: Cancioneiro Geral

Comia-se três vezes por dia: almoço depois do levantar, às seis horas; jantar às dez, ceia às quatro da tarde e provavelmente nos longos intervalos comia-se pão, castanhas, bolota, azeitonas, frutas e o que havia e bebia-se água e vinho, que a carne e o peixe para se conservarem eram desidratados em sal e pediam líquidos. Quando havia escassez de trigo o pão era de centeio, de milho indígena, de sorgo, bolota, do que havia. O deficit crónico da produção de trigo que sempre obrigou a importar este cereal, terá sido em 1415 um factor decisivo para a tomada de Ceuta, colocada numa importante rota da passagem do trigo que então se produzia no norte de Africa e só nos meados do século XVI os portugueses começaram a cultivar o milho «maís», que os Espanhóis tinham trazido do México e aclimataram em Sevilha. O pão era cozido segunda vez, para fazer biscoito...

Comia-se mal e comia-se com as mãos, o que levou uma japonezinha brincalhona a representar para Fernão Mendes Pinto a farsa do português, o barbaro do sul, sempre de saco às costas, carregado de mãos, para poder substituir a que sujava, enquanto comia. Utilizavam colher e faca, quando necessário. O garfo é invenção tardia que surge pela primeira vez na literatura impressa em 1525, num livro de Eustachio Celebrino de la Udina (Luis Stau Monteiro, Diário de Notícias, 1989, Julho, 16, p. 9).

O contacto com outros povos e diferentes culturas, trouxe modificações temporárias dos temperos, introduções intempestivas de novos comeres, efémeras modificações de hábitos que foram seguidas, como sempre, de um regresso às origens. A experiência recente das guerras africanas de 1961-74 e o regresso massivo dos ex-colonos trouxe o exotismo do abuso da malagueta, gindungo, piri-piri, os pratos de caril, a apetência para os mariscos...

O pão cozido, o vinho e a carne assada, foram desde sempre a ementa festiva. Já era assim em tempos de el-Rei D. Pedro quando João Afonso Telo foi armado cavaleiro (Fernão Lopes: CRONICA DE D. PEDRO, XVI, ed. António Borges Coelho, 1977) e continuam a ser assim as «espetadas» em toda a Ilha da Madeira.

Utilizaram-se como condimentos o vinho, o sal e os alhos e, ocasionalmente, «simples e drogas» provenientes de terras longínquas, sujeitas a modismos e especialmente às leis da oferta e da procura, merecendo especial destaque o açucar, um produto da cana sacarina ou cana mélica, que da India foi trazida para o Mediterrâneo pelos Árabes, passou para o Algarve, fixou-se na Madeira no tempo do Infante D. Henrique, seguiu viagem para Açores e Cabo Verde, instalou-se em S. Tomé em 1529 e no Brasil em 1533. No continente africano os portugueses tiveram dificuldades em desenvolver a cultura da cana, muito provavelmente porque não resistiam nem dispunham de medicação eficaz para o paludismo e foi assim que os pobres escravos africanos, doentes com uma forma atenuada de talassémia, portadores de globulos vermelhos falciformes sem espaço para crescimento do Plasmodium falciparum, foram degradados para as plantações açucareiras do Brasil e das Antilhas. O açucar desde sempre se comportou como uma droga maléfica criadora de apetência, com um consumo que cresce em progressão geométrica e largos benefícios para os Estados, com prejuizo para so cidadãos, sendo o seu uso, nos nossos dias, uma importante causa de morbilidade, em relação com a diabetis, que cega, incapacita e mata cedo, situação agravada por hipertensão arterial directamente relacionada com o abuso do sal, o uso do tabaco e as chatisses da vida.

Uma colecção de receitas anteriores a 1565 conhecida como LIVRO DE COZINHA DA INFANTA D. MARIA e a ARTE DE COZINHA de Domingos Rodrigues, informam-nos sobre a «comida padrão» das classes dominantes e especialmente sobre o que permanece e aquilo que muda na Cozinha Portuguesa ao longo do tempo, com evidente interesse médico, já que, desde sempre, a qualidade da alimentação é o principal factor do crescimento, manutenção e desenvolvimento de uma população.

O LIVRO DE COZINHA que se diz ter acompanhado a infanta D. Maria (1538-1577) que casou em Bruxelas em 1565 com Alexandre Farnésio, hoje existente na Biblioteca Nacional de Nápoles, estudado por Giacinto Manuppella e Salvador Dias Arnaut em 1967 e editado pela Imprensa Nacional em 1987, inclui receitas em que se usa e abusa do **açucar e da canela**: *na Galinha albardada, no alfitete, nos tutanos, na torta de carneiro ou de porco, nos pasteis de fígado de cabrito*; receitas em que se usa **cravo, pimenta, açafrão e gengibre**: *receita de lampreia, vaca picada em seco, boldroegas,* (as actuais almondegas, que podem servir-se enfeitadas com beldruegas). Por não utilizar «linguagem de princesa», transcreve-se a «*Receita do coelho em tigela: Depois do coelho cozido com adubo e cheiros e toucinho, fá-lo-ão em pedaços... e o adubo... há-de ser cravo e açafrão* (o «pó de enguia» de Aveiro, um corante vegetal extraído do Açafrão, Crocus),...*segar-lhe-ão os cheiros...: salsa e coentro e hortelã e cebola... meia dúzia de ovos batidos... Então tomareis um bacio de arame, emborcá-lo-eis em cima com umas poucas de brasas no cu do bacio, porque fiquem corados.*»

Domingos Rodrigues, Mestre da cozinha de Sua Magestade o Senhor D. João V conhecia bem a «receita padrão» deste prato e apresenta variante na ARTE DE COZINHA, 1765, página 67, sob a forma de um glorioso «**Coelho albardado**» carregado com os ingredientes que o império dava: depois de **assado**, «*se porá em hum prato sobre fatias... faça-se um molho com huma quarta de toucinho derretido, ... huma colher de manteiga, huma cebola feita em pedaços, muitos cheiros, e salsa, tudo muito bem picado; tempere-se com* **pimenta, cravo, gingibre, e pouco açafrão**... *com seu limão por cima se mandará à mesa*».

Qualquer destas «saladas» de coelho tem gordura animal em demasia e demasiados «adubos», mas fora isto, a «receita-padrão» que as originou continua actualizada e seria bem-vinda. A recuperação da cozinha tradicional portuguesa em quanto comparação entre a melhor cozinha actual, sob o ponto de vista médico e dietético e o que foi recolhido do passado, está repleta de surpresas que o não são, quando temos presente que a Lingua e a Cozinha são as bases em que assenta a identidade de um povo.

Domingos Rodrigues resumia os condimentos a **espécies pretas: pimenta, cravo da India, e noz moscada** e **todos** os adubos: **pimenta, cravo, noz moscada, canela, açafrão, e coentro seco** e estava consciente da importância da ARTE que praticava: «*...supposto a variedade de tantos temperos, a multidão de tantos guizados, e a compozição de inumeráveis jantares, sirvão aos homens não só para a titilação do gosto,... com tudo esta variedade, multidão, e compozição, he de muito deterimento às compleiçoens, e principalmente àquellas, cuja natureza he debil, por serem, quando assim fabricados, mais indigestos, fatigando, e debilitando a natural cocção do estomago, e todas as vezes que esta se vicía, se destemperão os humores, não se gerando naquella proporção, e temperamento que são devidos ao natural, o que continuamente he cauza de tantas e tão graves enfermidades, como a experiencia tem mostrado, com que venho a deduzir; que o mais proveitozo, e verdadeiro comer he o bem cozido, e assado, com alguma massa, porém muito pouca, e bem feita...*». Em suma, um médico dificilmente o diria com maior correcção: «**... o mais proveitoso e verdadeiro comer é o bem cozido e assado...**»

LARANJAS

«*Mil aruores estão ao çeo subindo,
Com pomos adoriferos & bellos,
A Larangeira tem no fruito lindo
A côr, que tinha Daphne nos cabellos:
Encostase no chão, que està caindo
A Cidreira cos pesos amarellos,
Os fermosos limões ali cheirando
Estam virgineas tetas imitando.*»

LVIS DE CAMÕES: Os Lvsiadas, 1572, IX, 56

«... e larangeiras, e tudo isto he montesinho, e as larãi as he a milhor fruta que a nomudo em sabor, e doçura... çerto que das laranjas sos sepodia fazer hua muito boa pratica porque he milhor Fruta q'a no mudo te'linho, e ferro,...» escreveu Garcia de Orta no **COLOQVIO decimo quinto da Canela, e da cassia lignia e do cinamomo, que tudo he hua cousa**, página 64.

Quando **Vasco da Gama** zarpou para a India em 1497, aqui na Europa já se conheciam os citrinos, trazidos pelos árabes, que os cultivavam em Africa, para onde alguns poderão ter sido trazidos pelos chineses que em 1414 levaram de Melinde (?) uma girafa ao imperador da China, ao mesmo tempo que colocavam estelas comemorativas nos pontos onde passavam e estabeleciam rotas marítimas que levantam bem alto o nome do Almirante **Cheng Ho**, falecido em 1435, lembrado com muita propriedade no Museu Marítimo de Macau ao lado do descobridor do caminho marítimo da Europa para a India.

Na volta da India, perdidos e às voltas no Indico durante três meses menos três dias, «*adoeceu toda a gente, das gengivas, que lhe cresciam sobre os dentes em tal maneira que não podiam comer; e, isso mesmo, lhes inchavam as pernas, e grandes outros inchaços pelo corpo, de guisa que lavravam um homem tanto até que morria sem ter outra nenhuma doença. Da qual nos morreram em o dito tempo trinta homens, afora outros tantos que já eram mortos! E os que navegavam em cada nau seriam sete ou oito homens;... E foi uma quarta-feira, 2 dias de Janeiro da era de **1499**. ... À segunda-feira que foram 7 dias do dito mês, fomos pousar de avante Melinde, onde logo el-rei mandou um barco longo, o qual trazia muita gente, e mandou carneiros;... E o capitão mandou, com estes que vieram, um homem a terra, para ao* *outro dia trazer* **laranjas**, *que muito desejavam os doentes que trazíamos; como de feito as trouxe logo, com outras muitas frutas, posto que não aproveitaram aos doentes — que a terra os apalpou em tal maneira que aqui se nos finaram muitos»* (**Alvaro Velho**: ROTEIRO DA PRIMEIRA VIAGEM DE VASCO DA GAMA).

Do regresso da **segunda viagem** que Vasco da Gama fez à India em **1502**, existem a narrativa flamenga CALCOEN (Calicut) publicada em 1504 e divulgada em Portugal por Oliveira Martins em PORTUGAL NOS MARES, os textos de Bratislava e de Viena divulgados por Marion Ehrhardt em A ALEMANHA E OS DESCOBRIMENTOS, 1989 e especialmente o maltratado texto de **Thome Lopes**: NAVIGATIONE VERSO LE INDIE ORIENTALI divulgado por António Cruz em O PORTO NAS NAVEGAÇÕES E NA EXPANSÃO, 1983, pág. 184: *«A di. 21. d'Agosto in ddomenica matina á buon hora arriuammo alla detta isola (***Ghediue** — Angediva)... *Haueuano molti ammalati, alliquali facemmo parte delle galline, che recammo da Melinde, &* ***melarancie****, et altre cose da mangiare, et molto si marauigliarono, che noi erauamo tutti sani, & ben disposti. loro haueuano fatto alcune tende in terra, doue teneuano gli ammalati, ll male loro era che* **le gengiue cresceuano loro sopra li denti**, *in modo che molti ne moriuano. & altri erano ammalati d'vno enfiato che veniua loro fra le coscie e'l corpo, & questa non era tanto pericolosa, come* **il male della boca***».

A consulta de um simples dicionário Italiano-Português mostrará que **melarancie** são **LARANJAS**, laranjas doces, sendo evitável um erro de tradução que desvirtua o texto, transmitindo, entre outros, por António Cruz na página 220 do seu livro aqui citado e por José de Vasconcellos e Menezes na página 359 de ARMADAS PORTUGUESAS, Apoio sanitário

5

127

na época dos Descobrimentos, 1987. ...Em Angediva, como em Melinde, comeram-se **LARANJAS, melarancie** em linguagem toscana... Aliás, aquilo que agora se chama Vitamina C está presente em todos os tecidos vivos e a maior parte dos animais consegue realizar a sua sintese. Exceptuam-se o homem, o macaco, o cobaio, ... que não dispõem de equipamento enzimático para a transformação da L-gulonolactona em ácido L-ascórbico. No homem, as reservas de Vitamina C esgotam-se em 28 dias, o equivalente a uma viagem de Lisboa a Luanda, de onde o MAL DE LOANDA referido por Aleixo de Abreu (1561-1630) no TRATADO DE LAS SIETE ENFERMIDADES, 1623.

Tanto quanto sei, o relato atribuido a **Alvaro Velho** e o relato do escrivão **Thome Lopes** são os primeiros que sugerem a importância das **laranjas** frescas no tratamento do mal das gengivas, que viria a chamar-se escorbuto, doença já descrita na BIBLIA, no LIVRO DE JO, **19**, 17 e 20 e mais perto de nós por **Fernão Lopes** no cerco do Guadalquivir em 1369-1371, **Jacques Cartier** (1491-1557) na viagem ao rio São Lourenço em 1534; **João de Barros**: ASIA, I, IV, III, 1551, **Fernão Lopes de Castanheda**: HISTORIA DO DESCOBRIMENTO E CONQUISTA DA INDIA PELOS PORTUGUESES, 1552 e **Luis de Camões**: OS LVSIADAS, 1572, Canto Quinto, 81 e 82 na viagem à India.

É possível que quando **o capitão mandou um homem a terra em 7 de Janeiro de 1499 para ao outro dia trazer laranjas,** apenas tinha sido motivado pela beleza e sabor dos frutos. Mais tarde usaram-se alcoolaturas de laranja e limão que não têm grande valor terapeutico e a partir do TREATISE ON THE SCURVY, 1753, de **James Lind** (1719-1794) foi possível impôr em **1795** à maneira inglesa a ingestão de uma ração profilática de sumo de limão tratado pelo calor... A síntese da Vitamina C foi obtida em 1935 por Reichstein. O ácido L-ascorbico é uma substância cristalina, incolor ou ligeiramente amarelada, solúvel em água (1:3) e muito pouco solúvel em alcool (1:30). Decompõe-se por acção da luz, do frio, do calor e em presença do oxigénio e de metais pesados. As deficiências alimentares e o «**corrupto mantimento**» nas grandes travessias foram denunciadas por Camões em OS LVSIADAS, Canto V, 71, Canto VI, 97. Entre as carências proteicas, vitamínicas e outras frequentemente referidas por autores que viveram experiências ultramarinas, merece destaque a descrição de uma forma particular de **cegueira nocturna** que atacava em Moçambique, curável com **fígados de cação** assados nas brasas e comidos, ou mudando de região, descrita por frei **João dos Santos** (?-1622) em ETIOPIA ORIENTAL E VARIA HISTORIA DE COUSAS NOTÁVEIS DO ORIENTE..., Evora, **1609**.

12. JURAMENTOS

> «*Chaque temps a sa somme d'erreurs et de vérités.*»...
> «*La méthode expérimentale est la méthode scientifique qui proclame la liberté l'esprit et de la pensée.*»...
>
> CLAUDE BERNARD: Introduction a L'Etude de la Médicine Expérimentale, 1865.

Em tempos de D. Sebastião, o regente D. Henrique por carta de 14 de Setembro de 1564 instituiu na Universidade portuguesa, em Coimbra, a obrigatoriedade da prestação de um **juramento** de profissão de fé segundo a bula do papa Paulo IV a que irá juntar-se um outro relativo ao dogma da Virgindade de Maria decretado por D. João IV em 28 de Julho de 1646, constituindo ambos o Título XIV do Livro IV, páginas 197 (sic), 298 e 299 dos ESTATUTOS DA UNIVERSIDADE, 1653/54 e, durante muitos anos, só se iniciavam as provas do primeiro ano, depois da oração seguinte:

«*Post tot tantosque labores, venit tandem dies, in quo apud vos studiorum meorum rationem reddere cogor. Sed, antequam incipiam, sit mihi in auxilium* **Santissima et Individua Trinitas**, *Increatus Pater, Unigenitus Filius et ab*

131

*utroque procedens Divinus Amor, Beataque **Maria Semper Virgo, hujus Universitatis fautrix**. Deinde facit mihi veniam dicendi: Praeclarissime Praesens, Sapientissimi Doctores, Amantissimi Condiscipuli, Concioque undequaque Florentissima».*

Em 16 de Outubro de 1908, na sessão de abertura do ano lectivo, o professor encarregado da Lição em louvor da Ciência, **Sidónio Pais** (1872-1918), interroga-se *«sobre se foi a Escola que se instalou na Igreja ou se foi a Igreja que invadiu a Escola»* e no ano seguinte houve um aluno que contestou a arbitrária obrigatoriedade dos juramentos e a oração ao Espírito Santo foi abolida nos rituais académicos.

A Revista MEDICE, 1992, 15, 44-45, insere a notícia de uma cerimónia «**Juramento de Hipócrates**» realizada nos Hospitais da Universidade de Coimbra com médicos que concluiram o Curso em **1991**, inovação que não tem história em sete séculos de vida desta Universidade, desde sempre sujeita a ajuramentações e a outras violências.

Sobre o compromisso a que eram obrigados os candidatos à frequência de escolas médicas na antiguidade, **Gregorio Marañón**, falecido em 1960, escreveu: *«En despachos de colegas míos, más en el extranjero que en España, he visto, exhibido en sitio preferente de la pared, el susodicho juramento de moralidad. Me hace siempre el efecto de aquel ventero que puso en su posada un cartel que decía: "Aqui no se roba al viajero". Con lo que los viajeros de experiencia procuraban pasar de largo.*

No cabe duda que hoy un médico digno se ofendería al jurar unos preceptos que están tan lejos de su moral actual como hurtarle el reloj al paciente. Ya nadie necessita obligarse por juramento a respetar a los maestros que le enseñaron, porque todos aprendemos este respecto antes que sus proprias enseñanzas; ni obligarse a enseñar desinteressadamente a sus hijos, porque estimamos un honor enseñar hasta a los hijos de los que no conocemos. Sin necesidad de jurar, ponemos, desde luego, a cada enfermo el regimen que creemos más adecuado a su salud delicada, y ya no tenemos que recordar compromisos solemnes para negarmos con todas nuestras fuerzas a la administración de los venenos. Para no hacer operaciones quirúrgicas que ignoramos, tampoco necesitamos invocar a Apolo, y a Esculapio, a Higias y Panasea. Nos basta para resolver todos estos conflictos con nuestra propria conciencia, severamente preparada, que funciona con maravilhosa y automática adaptación a cada circunstancia y al matiz de cada circunstancia» (LA MEDICINA Y LOS MEDICOS, 1962, pp. 142-143).

Amato Lusitano, que aceitava, com Galeno, que a Medicina compreende a Dietética, a Farmacoterapia e a Cirurgia, tinha dúvidas sobre se Hipócrates praticara a Cirurgia, uma vez que a proibia no juramento (SEXTA CENTÚRIA, Cura 100, Salónica, 1559) e Medicina e a Cirurgia deveriam andar juntas. Muito mais tarde, em Coimbra, os ESTATUTOS DA UNIVERSIDADE, 1772, Curso Medico, III, I, II, II, determinarão na página 20: «daqui por diante sejam todos os Medicos ao mesmo tempo Cirurgiões»

Amato Lusitano tinha sobre juramentos um conceito muito diferente de outros seguidores de Hipócrates; sempre foi um homem de rectas intenções, fiel aos seus princípios e quando atingiu a idade de 48 anos, em 1559, no final da SETIMA CENTÚRIA, 1561, decidiu passar ao papel as suas últimas disposições e não diz o que deseja fazer, diz, muito simplesmente, **o que fez** ao longo da sua operosa vida, **como procedeu, o que lhe faltou fazer**; em suma, dá-nos a nobre lição do seu exemplo, o seu *Amati Iusiurandum*:

«IVro Deum immortalem, & sanctisima eius decem oracula, quae liberato ab egyptiaca seruitute populo, Mose interprete, in monte Sinare data sunt, me nihil prius aut antiquius in iis meis curationibus duxisse, quàm ut illibata rerum fides posteris traderetur, nihil finxisse, nihil addidisse, aut commutasse ornamanti gratia: id tamen unum semper studuisse, ut vtilitas ad mortales promanaret, neminem laudasse, aut uituperio affecisse ut priuatis affectibus indulgerem, nisi id ueritatis studium exposceret: si fallo, Deum & Raphaelem eius ministrum iratus semper habeam, nec quicquam in arte medica mihi ad uotum succedat. De mercede praeterea, quae medicis exhiberi solet, non admodum sollicitum fuisse, multos non tantum studiose sed gratis etiam curauisse, mercedes etiam nonnulas à permultis oblatas magno & inuicto animo reiecisse, magis in in eum intentum ut aegrotantes mea opera aut diligentia amissam consequerentur ualetudinem, quàm, ut ego eorum liberalitate uel teruntio ditior euaderem: eodemq; loco semper apud me fuisse cuiusuis religionis homines, siue ii Hebraei, siue Christiani, aut Arabicae legis sectatores essent: de dignitate vero nõ admodum sollicitum fuisse, eandemque diligentiam pauperibus, quam illustrissimo loco natis praestitisse, morbum nunquam produxisse, in praesagiis ea quae sentiebam semper dixisse, pharmacopolarum nemini plus iusto favisse, nisi ei fortasse, quem & peritia artis & bonitate animi caeteris praestare intelligerem, in medicamentis describendis, prout facultatis aegrotantis patiebantur temperamentum semper adhibuisse, commissum mihi arcanum nemini detexisse, nulli mortiferum poculum propinasse, nullam mea opera matronam abortum fecisse, nihil à me in ea vbi curarem domo turpitudinis perpetratum: in summa, nihil à me commissum quod à praeclaro & egregio medico alienum haberi posset, Hippocratem & Galenum artis medicae parentes semper mihi imitandos

proposuisse, nom spretis nonnullorum in arte medica excellentiu' monumentis: in studioru'vero ratione adeo freque'tem fuisse, vt nullum quantumuis arduum negotium, me à bonorum authorum lectione auocare potuerit, non rei familiaris iactura, non navigatio, non crebrae perigrinationes, non denique exilium, quod vt virum philosophum decet, magno & inuicto animo hactenus sponte sustinui: discipulos quos ad hunc vsque diem permultos habui, filiorum loco semper duxisse, eos cãdidissime docuisse, hortatum vt bonorum similes evadere studerent, libros in re medica meos nulla animi ambitione edidisse, sed id vnum spectasse vt quoquo modo mortalium valetudinni prospicerem: quod an assecutus sim aliorum iudicio relinquo, certe semper id prae me tuli atque in votis maximmè habui. Thessalonicae datum, Anno mundi 5319»

Alberto M. da Rocha Brito publicou este juramento acompanhado de uma cuidada tradução para a lingua portuguesa em COIMBRA MÉDICA, 1937, IV, 1, pp. 33-38.

Américo da Costa Ramalho, em LATIM RENASCENTISTA EM PORTUGAL, 1985, pp. 216-217, apresenta e traduz o epitáfio que Diogo Pires (1517-1597) dedicou à memória de João Rodrigues, de Castelo Branco, o Amato Lusitano:

AMATI LVSITANI, MEDICI PHYSICI PRAESTANTISSIMI, EPITAPHIVM. OBIIT FERE SEXAGENARIVS PESTILENTIA THESSALONICAE ANNO 1568

«Qui toties fugientem animam sistebat in aegro
Corpore, Lethaeis aut reuocabat aquis,
Gratus ob id populis et magnis regibus aeque,
Hic iacet, hanc moriens pressit Amatus humum.
Lusitana domus, Macedum tellure sepulchrum.

Quam procul a patrio conditur ille solo!
At cum summa dies, fatalis et appetit hora
Ad Styga et ad Manes undique prona uia est.»

Deveres do médico

Zacuto Lusitano (1575-1642), neto de **Abraão Zacuto**, nasceu em Lisboa, estudou em Coimbra e em Espanha e depois de exercer clínica em Portugal durante trinta anos, foi obrigado a refúgiar-se na Holanda, onde publicará uma HISTORIARUM MEDICORUM LIBRI SEX: In quibus Medicinales omnes, Medicorum principium Historiae, de morbis internis, & febrius,..., 1692, em cuja segunda edição, «Amstedodami», 1637, na página 60, não numerada, antetexto, apresenta o seguinte **elenco de peritos** portugueses:— Aluarus Nonnius, Ambrosius Nunnius, Amatus, Anton. Ludou. Olyssip., Ant. à Cruce Olyssip, Benedict. à Castro, Brudus, Cursus Conimbricens. Didacus Lopius, Didacus Moranus, Emmanuel Nunes Olyssip., Emmanuel Gomez Antuerp. Ferdinand. Roder. Cardozus, Ferdin. Sola, Gaspar Lopius Canarius, Garzias ab Horto, Garzias Lopius, Gergius Gomes, Georg. è Saâ, Georg. Henric., Hieronym. Nunnius Ramires, Hieronym. Osorius, Hierony. Tovar, Ioan. Roderic. Albicast., Ioan. Brab. Chamissus, Ioan. Barrus Historicus, Ludou, Isla, Masseus, Martinus Henri., Petr. à Fonseca, Petrus Lopius, Petr. de Peramato, Petr. Vaezius, Petr. Vascus Castellus, Raphael Vaesius, Roderic è Castro, Roderic à Fonseca, Stephanus Roder. Castrensis, Thomaz à Veiga, Thomaz Alvares, Valverdas Olyssip., lista longa mas forçosamente incompleta:
— Regentes no **Curso Conimbricense: Alvaro Nunes**, lente de Vacações e de **Matemática** em **1555, Ambrósio**

Nunes, lente de Vacações em 1555, tendo passado a Salamanca, **António Luis** (?-1547), **Diogo Lopes**, lente em 1552, **Fernão Rodrigues Cardoso**, lente em 1572, **João Bravo Chamisso,** reformado compulsivamente em 1624, autor do DE MEDENDIS CORPORIS MALIS PER MANUALEM OPERATIONEM, 1605, **Jorge de Sá Sotomaior**, Substituto em 1557, **Tomaz Rodrigues da Veiga** (1513-1579), lia Vespora em 1539, provido em Prima em 1557, comentador de Galeno e de Hipocrates. Haveria muito mais nomes que eventualmente poderiam ser citados.

— **António da Cruz**, cirurgião do Hospital de Todos os Santos, autor de RECOPILAÇÃO DE CIRURGIA, 1601.

— **Fernão Cardoso**, foi lente em Valhadolid.

— **Rodrigo de Castro Lusitano** (n. 1541), «Philos. ac Medic. Doct. per Europam notissimi», autor do tratado DE UNIVERSA MULIERUM MEDICINA, Colónia, 1603, obra pioneira na Ginecologia, escrevera sobre a peste em 1596 e deixou uma obra notável sobre deontologia profissional, o MEDICUS-POLITICUS, Hamburgo, 1614.

— **Rodrigo da Fonseca Lusitano** (1550-1622) foi professor em Pisa e a partir de 1615 em Pádua, comentador de Hipócrates.

— **Estevão Rodrigues de Castro** (1559-1637), formado por Coimbra em 1588, obrigado a imigrar em 1608, fixou-se na Itália em 1616, em Pisa, onde foi professor. Perseguido em Portugal por ser judeu, viveu e morreu católico-apostólico-romano para escândalo dos católicos daqui e dos judeus de toda a parte, foi grande poeta, polígrafo médico e comentou Hipócrates.

— **Henrique Jorge Henriques**, professor de Artes em Salamanca, autor do RETRATO DEL PERFECTO MEDICO, Salamanca, 1595.

— **Garcia de Orta** (1500-1568) trocou a Universidade de Lisboa por Goa, onde publicou os COLOQUIOS em 1563.

— **Amato** (1511-1568) figura também como **João Rodrigues de Castelo Branco**, comentador de Dioscorides (40-90) e autor das CVRATIONVM MEDICINALIVM CENTVRIAE SEPTEM, publicadas entre 1549 e 1561.

— **Brudus Lusitanus** (1536-1555), Manuel Brudo, autor do DE RATIONE VICTUS IN SINGULIS FEBRIUS SECUNDUM HIPPOCRATEM, Veneza, 1544, 1553, 1559, 1579, filho do médico de D. Manuel (1469-1521) mestre Dionísio, que em 1518 discutiu com Pierre Brissot (1478-1522) o tratamento do rei.

— Gerónimo Osório (1506-1580), bispo de Silves, autor da DE REBUS EMMANUELIS GESTIS, um provável possuidor do manuscrito do LIVRO de Francisco Rodrigues que acompanha a SUMA ORIENTAL DE TOMÉ PIRES, editados por Armando Cortesão em 1978.

— **Pedro Vaz Castelo**, nasceu por volta de 1571, terá sido aluno de Tomaz Rodrigues da Veiga, publicou EXERCITATIONES MEDICINALES, 1616 e em 1625 ingressou no corpo docente da Faculdade de Medicina de Toulouse.

— **Pedro Vaz**, autor do COMMENTARIUS MEDICUS... MÂNTUA, 1576...

Propositadamente parti da lista «Lusitani Periti» apresentada no «Elenchus Auctorum» do livro de **Zacuto** e a reflexão que tenho a fazer é que sabemos muito pouco sobre este assunto. Acrescentar nomes à lista, não serve de desculpa:

— **Henrique Cuellar**, Professor de Prima em Coimbra em 1537, falecido em 1544, comentador de Hipocrates.

— **Luis de Lemos**, nascido cerca de 1534, em Portalegre, professor em Salamanca, comentador de Hipocrates.

— **Filipe Montalto Lusitano, Elias Montalto** (?-1616), sobrinho-neto de Amato, autor da OPTICA INTRA PHILOSOPHIAE ET MEDICINAE AREAM DE VISU, DE VISUS ORGANUM..., Florença, 1616 e de uma obra notável sobre doenças mentais, a ARCHIPATHOLOGIA, IN QUA INTERNARUM CAPITIS AFFECTIONUM..., Paris, 1614.

— **Francisco Sanches** (1551-1623), nascido em Tui e baptizado em Braga, celebrisado pelo QUOD NIHIL SCITUR, Lyon, 1581, professor em Toulouse.

— **Manuel Alvares** (1545-1612), professor em Toulouse após 1572.

— **Baltazar Orobio de Castro**, professor em Toulouse entre 1660 e 1666, ano em que se fixou em Amesterdão.

ZACUTI LUSITANI, INTROITUS MEDICI, AD PRAXIN (adaptação):
"citò, tutò, & iucundè"

1. O médico procede correctamente. — 2. Veste com decoro. — 3. Não é palavroso. — 4. Não é avarento. — 5. É de contas limpas. — 6. Não é invejoso. — 7. Não é soberbo nem arrogante. — 8. Não é obstinado. — 9. Comete erros. — 10. Não persiste no erro, aceita com boa vontade e paciência admoestações úteis e procura corrigir-se. — 11. Só usa perfumes, quando necessário. — 12. É consciente e prudente.— 13. Estuda. — 14. Deve ter livros: poucos, mas bons. — 15. Escolhe bons autores. — 16. Foge de casos desesperados. — 17. Foge dos casos cheios de complicações. — 18. Não pára em pequenas coisas. — 19. Não diminui a gravidade real das situações. — 20. Está disponível. — 21. Sabe que há mais doenças que médicos. — 22. Faz histórias clínicas exaustivas.

— 23. Não tem medo das doenças. — 24. Não despreza ninguém. — 25. Não propaga doenças. — 26. É cauteloso e previdente. — 27. Tem cuidado com os «medicamentos genéricos». — 28. Sabe que a arte médica é racional. — 29. Sabe que a atitude do médico deve ser comandada pela razão e pela experiência. — 30. Foge dos sofismas. — 31. Examina sempre atentamente. — 32. O seu objectivo é recuperar a saúde. — 33. Corta a direito. — 34. É generoso e surdo às calúnias. — 35. Sabe que alguma vez será gratificado. — 36. Procura agir ràpidamente, tranquilamente, alegremente (Medicus curet citò, tutò, & iucundè). — 37. Senhor da razão, não recua, ainda que peça ajuda. — 38. Não foge, mesmo que tudo corra mal. — 39. Dirige o parto confiadamente, segundo os ditames da natureza. — 40. Se não avança, ajuda-se. — 41. Se for depressa de mais, atraza-se. — 42. No último dia, nada de purgas. — 43. Verifica se respeitaram as prescrições. — 44. Com medicamentos potentes, nada de purgantes. — 45. Purgantes, cuidados redobrados. — 46. Não aceita a mediocridade. — 47. Escolhe o momento adequado para agir. — 48. Actua correctamente. — 49. Cuidado com as sangrias. — 50. Mais corpulento, mais sangue. — 51. Trabalho feito, observa. — 52. Verifica a qualidade dos humores. — 53. Interpreta o resultado das análises. — 54. Correlaciona com a história clínica. — 55. Verifica se todos os maus cheiros foram eliminados. — 56. Observa o aspecto e a quantidade de tudo o que foi evacuado. — 57. Toma remédios, se for necessário. — 58. Se tiver um corpo são e uma vida simples, não necessita grandes remédios. — 59. As secreções naturais, sairão naturalmente. — 60. Doenças demoradas impedem o médico de andar de terra em terra. — 61. O feitio do médico ajuda muito. — 62. A firmeza é a sua maior qualidade. — 63. Pondera, antes de agir. — 64. Controla os sentimentos. —

65. Espera e observa. — 66. Para o médico, um prisioneiro doente, é um homem doente. — 67. Em cada caso, actua segundo uma linha de orientação determinada. — 68. Perante a opressão, aguarda. — 69. Não fecha os olhos à evidência. — 70. O médico honesto é generoso e humilde. — 71. A dor é a primeira queixa a combater. — 72. O médico atento,vai longe. — 73. O que está a mais, tem de sair. — 74. O médico respeita a intimidade dos doentes. — 75. É cuidadoso com as grávidas. — 76. É cuidadoso com as crianças, os jovens e os velhos. — 77. Rebobra de cuidados com os recem nascidos e as crianças que ainda não foram à escola. — **78. Conhece Anatomia. — 79. Sabe Cirurgia. — 80. Estuda e actualiza-se em Farmacologia.**

DIASPORA

Em 1609 foi permitida a saída de Portugal a quem não suportava a pressão das injustiças governamentais e religiosas. Filipe III / II de Portugal, em 14 de Janeiro de 1609, enviou a seguinte directiva:

«Reverendo Bispo, Inquisidor Geral, Amigo: — Eu El-Rei vos envio muito saudar etc. — Eu tenho algumas informações sobre a conceção feita aos christãos novos naturais desse Reino, para poderem sahir livremente delle, com suas famílias e fazendas (pela qual me serviram com 200 mil cruzados) que obrigam a mandar ver que inconvenientes resultam ou podem resultar da dita concessão; e se são taes, que convenha revogar-se, e em que forma se poderá justamente fazer, e ficar firme, supostas as cláusulas que a dita concessão tem; e considerando eu a notícia que no Conselho Geral da Inquisição haverá desta matéria, e vosso zelo, e dos Ministros que

naquele tribunal assistem, me pareceu encomendar-vos (como faço) que conforme a muita importância que é, ordeneis se tracte delle, vendo-se particularmente o Alvará ou Provisão desta concessão, e que se faça consulta em que se diga o que se offerecer sobre cada um dos pontos referidos, a qual me enviareis com toda a brevidade possível, avisando-me juntamente do voisso parecer. Escrita em Madrid, em 14 de Janeiro de 1609. = Rei. = Henrique de Souza».

Este Inquisidor era D. Pedro de Castilho, Bispo de Angra e Leiria, Vice-rei de 1605 a 1615 e Filipe III (1578-1621) era o filho de Filipe II / I de Portugal (1527-1598) que concedera à Universidade de Coimbra os Estatutos de 1592 e exigiu 30 000 cruzados para que as Escolas continuassem nos paços que D. João III lhes tinha dado.

Estevam Rodrigues de Castro (1560-1638), professor em Pisa após 1617, depois de ter vivido as atribulações de uma fuga precipitada e um longo exílio, dedicou ao momento da partida, segundo penso, este belíssimo soneto:

«Ausente, pensativo e solitário,
Como se vos tivera ali presente,
Dou e tomo razoens ousadamente,
Firme em Amor, em pensamentos vário.

Quando venho até vós, com temerário
Fervor renovo n'alma juntamente
Quantos cuidados tive estando ausente,
Que tudo em tal aperto é necessário.

Huns aos outros s'impedem na saída,
E querem cometer, e não se abalam.
Eu vou para falar, e fico mudo;

Porém meus olhos, minha cor perdida,
Meu pasmo, meu silêncio por mi falam
E, não dizendo nada, digo tudo.»

13. SOMATÓRIO DE INFORMAÇÕES

«Para curar Ana Lopes
A dois médicos chamei.
Um lhe deu xarope de Rei,
Outro, o Rei dos Xaropes.»
Tomás Noronha: Manuscrito B. N. L. 8600,
in Natália Correia: Antologia..., 1965, p. 127.

O ROTEIRO DA PRIMEIRA VIAGEM DE VASCO DA GAMA termina com a indicação de regiões com interesse económico a contactar em futuras navegações, discriminando *«as coisas que em cada reino há, e como valem»* em Alexandria, o qual foi sabido de um homem que entendia a lingua portuguesa e viera do Egipto trinta anos antes. Após a tomada de Constantinopla por Maomet II em 1453, a Europa sentiu cada vez mais a pressão Turca e no desenvolvimento da estratégia de sobrevivência, em 1487 D. João II enviou Pero da Covilhã por terra a saber coisas do Oriente, decidido que estava a interromper e a assenhorear-se dos pontos de escala por onde passavam os produtos que seguiam de Alexandria para Roma e Veneza e em 1499 começariam a chegar directamene a Lisboa produtos como a canela, o cravo, a pimenta, o gengibre, a noz-moscada, a laca, o brasil, o ruibarbo, o almíscar, o aloés, o benjoim e o incenso que imediatamente interessaram a alta finança europeia que quererá estar presente nas expedições seguintes. A qualidade dos produtos a adquirir preocupou os responsáveis pelo empreendimento à medida que o comercio das drogas se foi desenvolvendo e embora sejam desconhecidos na sua grande maioria quantos se encarregaram da aquisição, da guarda e do acondicionamento, os relatos disponíveis dão indicações sobre o tipo de problemas que era necessário vencer. A chegada destes produtos à Europa, a possibilidade de serem estudados no seu habitat natural e de muitos poderem ser transplantados para Jardins Botânicos, coincide com o Renascimento do estudo da Botânica marcado por um renovado interesse pela obra de Dioscórides (40-90), pela primeira vez impressa em 1478 em Latim e em 1499, em Grego, objecto de comentários de Mattioli (1501-1577), Amato (1511-1568), Laguna (1499-1563) e Garcia de Orta (1510-1568), entre outros. Na Europa criaram-se entrepostos, onde os novos produtos poderiam ser encontrados, em Lisboa na Casa da Guiné e na Casa da India que faliu em 1560, em Antuerpia, na feitoria de Flandres falida em 1549, em Sevilha para os produtos que vinham das Indias de Castela, em Roma e Veneza para o que continuava a passar pelo Império Turco. As obras de primeira classe sobre os novos produtos são os COLOQVIOS..., Goa, 1563 de Garcia de Orta e, para as plantas e animais do Brasil, suas gentes, doenças e costumes, a HISTORIA NATURALIS BRASILIAE, Leiden, 1648 de Willem Pies (1611-1678), que esteve no Recife entre 1638 e 1644 como médico do principe Johan Maurits van Nassau-Siegen (1604-1679). O trabalho de Orta será resumido e traduzido para latim por Charles de L'Ecluse (1526-1609) em LATINO SERMONE IN EPITOME CONTRACTA, Antuerpia, 1567 e será «verificado» e tomado como ponto de partida por Cristovão da Costa (1535-1596) que publicará em Burgos, em 1578 um TRACTADO DELAS DROGAS, COM SUS PLANTAS DEBUXADAS AL BIUO... Em 1574 Clusio edita de novo Orta, juntamente com um resumo latino da obra de Nicolás Bautista Monardes (1512-1488) DOS LIBROS... COSAS DE NUESTRAS INDIAS OCCIDENTALES QUE SIRVEN AL USO DE MEDICINA, 1565 e em 1582 e em 1593 o incansável Clusius reune na mesma obra o essencial de Orta, Acosta e Monardes.

Mas estes homens tiveram percursores, uns, que não poderemos lembrar, por falta de documentos; outros, que deixaram vestígios do seu trabalho, como os Boticários Tomé Pires e Symão Allvez.

Tomé Pires (1468?-1540), filho do Boticário de D. João II, chegou à India em 1511, em 1512 está em Malaca, escreve cartas e toma apontamentos, escreve a SUMA ORIENTAL que se mantém inédita em Portugal até 1978, em 27 de Janeiro de 1516 envia ao rei D. Manuel uma carta «sobre as drogas e onde elas nascem» (Arq. Nac. Torre do Tombo, Corpo cronológico, Parte 1ª, Maço 19, Doc. 102) e neste mesmo ano foi enviado numa viagem sem regresso, como Embaixador, para a China, onde terá tido uma filha chamada Inês de Leiria que Fernão Mendes Pinto encontrou em 1543. Tomé Pires lamenta não ser dotado com a inteligência dos gregos nem com a lingua dos romanos para escrever uma obra poderosa sobre aquilo que viu, limitando-se a usar o desembaraço próprio da gente plebeia como lusitano que se presa, menospresando glórias e desvalorizando riquezas. Da SUMA ORIENTAL, Fol. 155 v., da transcrição de Armando Cortesão, p. 328: «*Amtre as Jlhas de byma E de solor se faz huu' canall gramde por homde vam as **Jlhas Dos samdollos** todallas Jlhas de Jaõa pa diamte se chamam **tymor** por q'na limgoaJe'Da terra* *timor quer dizer levamte como se disesem as Jlhas de leuamte por p'incipall se chamam as Jlhas de tímor estas duãs Domde vem os samdollos // as ylhas de timor sam de Reis gemtíos nestas duãs ha gramde soma de samdalos brãquos valem mujto barato por que os matos nom tem out[a] madeia dizem os mercadores malaiõs que ds'criou **timor** De **samdallos** & bamdam (Banda) de **maças** E as de maluco (Molucas) de **crauo** E que no mumdo nom he sabido outra parte em q'estas mercadorias aJa somemte netas E eu perguntey & emquery deligente mente se estas mercadorias avJa Em outra parte & todos dize'q'nam.»*

Simão Alvares partiu para a India em 20 de Março de 1509, em 1514 está em Cochim, regressa a Portugal em 1530 e três anos depois volta novamente para a India, onde é Boticário-mor de D. João de Castro e deverá ter tido uma controversia com Garcia de Orta a propósito da pimenta. Em Novembro de 1546 ditará a famosa «EMFORMAÇÃO» enviada a D. João III e transcrita de Jaime Walter por Maria Olívia Rúber de Meneses: OS AUTORES IBÉRICOS QUINHENTISTAS NA HISTÓRIA DA MEDICINA TROPICAL, Porto, 1971, pp. 334-342. Simão Alvares dirá: *Item. samdalo bramquo / Item. samdalo çetryno / Item. samdalo rubro / todas estas droguas vem de malaqua pera a Imdia porem naçem e'deferemtes regyões — a saber — ho samdalo brãquo e çetryno naçe na Ilha de timor e tambem naçe e'mocaça porem he groseyro e de pouqua estima / ho samdalo vermelho naçe e' paçem...»*

Orta dedicou o *«Coloquio. 49»* à descrição *«de tres maneiras de sandalo»* sem esquecer **«Sãdalo q'he muito comu'pa vntar o corpo»** (Coloquio sexto; do aruore triste).

Camões em OS LVSIADAS, canto décimo, 134, cantará: **«Ali tambem Timor, que o lenho manda / Sàndalo salutifero, & cheiroso,...»**.

O Cravo e a questão de Moluco

Garcia de Orta: Colóquio 25: Do CRAVO: «... *OR. Aueis d. saber q'maluquo esta demtor na cõquista delrey de purtugal, e mais duze'tas legoas auante como se tem achado pellos eclipecses se nã entrou ho demonio em hu' purtugues o porq'elrey não lhe fez hu'a merçe emiusta q'lhe pedia se foy lançar e'castelia, e fez armar nauios, e elle descubrio per hu'estreito nã sabido como pudesem vir ao maluco, e indo laa morreo elle, e amor parte dage'te q'cõ elle hia, e não pode'tornar pollo caminho por onde vieram, e outro bacharel faleiro q'cõ elle hia em doudeceo de ver q'cõtra seu rey hia, e nã indo ao descobrime'to moreo... (...) ... e hu' rey de hu'a ilha chamada tarnate vindo oscastelhanos a elle q'os aiudase lhes dixe q' ho crauo eradado por deos aos purtugeses pois cada crauo tinha cinquo quinas delrey d purtugal...*»

Nesta passagem Garcia de Orta refere-se a Fernão de Magalhães (1478-1521), que após comissões de serviço na India desde 1505 a 1513, empreendeu em 1519, ao serviço de Espanha a primeira viagem em volta da Terra, interrompida com a sua morte na ilha de Mactão em 27 de Abril de 1521. Os sobreviventes, sob o comando de Sebastião del Cano, chegaram a Cabo Verde segundo as suas contas em 9 de Julho de 1522 e verificaram, com muito espanto, que já era quinta feira dia 10. Chegaram a Sevilha em 8 de Setembro.

Cravo, Eugenia caryophyllata, origem do Eugenol, utilizado em Medicina Dentária e Estomatologia.

MACAU

A instalação portuguesa em **Macau** data de 1555 e o primeiro Bispo, **Melchior Carneiro**, nomeado em 1568, construiu o primeiro Hospital, sujeito a reconstruções em 1640, 1747 e 1766, ampliado em 1840, 1903 e 1938, dedicado a S. Rafael e regido desde 1627 por regulamento identico ao da Misericórdia de Goa. Entre 1827 e 1838 Macau contou com um Hospital Oftalmológico fundado e dirigido por **Thomas R. Colledge** que em associação com P. Parker e E. C. Bidgman fundou em 1838 um Hospital Inglês transferido em 1846 para Hong Kong, após o Tratado de Nanking (1842).

Lucio Augusto da Silva (1820-1906), nascido em Goa, conclui em 1851 em Lisboa o curso de Medicina e obtém doutoramento em Bruxelas, faz cirurgia em Angola em 1854 e em 1857 em S. Tomé, instala-se em 1860 em Macau e impulsiona a construção do **Hospital de S. Januário**, transferido nos últimos anos para novas instalações.

Em 1873 uma associação chinesa fundou o Hospital Chinês Keng Wu.

E apesar de tudo isto, cinco séculos de contactos com a China, não produziram nada que minimamente se possa comparar ao que os COLOQUIOS de Garcia de Orta representaram para a compreensão das coisas da India por parte dos europeus. Dir-se-á que os autores médicos de primeira classe então seguidos na Europa e na India eram os mesmos e que a China era um mundo completamente diverso, com uma cultura milenária que orgulhosamente poderia ser exibida, impermeável a importações, que não desejava misturas, enquanto produtos medicinais chineses afluiam a Malaca, que foi administrada por Portugal entre 1511 e 1641 ou a Macau. Sobre a Medicina que se praticou em Macau debruçaram-se, entre outros, Francisco Guerra no terceiro volume da HISTORIA DE LA MEDICINA, Madrid, 1989 páginas 1145 a 1150 e Charles Ralph Boxer: A NOTE ON THE INTERACTION OF PORTUGUESE MEDICINE AT MACAO AND

PEKING (16th-18th centuries), in ESTUDOS PARA A HISTORIA DE MACAU, Séculos XVI a XVIII, I, 1991, pp. 155-169. **Boxer**, transcreve um relatório do encarregado da farmácia do Colégio dos Jesuitas de Macau, datado de 21 de Dezembro de 1625, que muito nos diz sobre a prática da Medicina nesta cidade, ainda que o documento seja anónimo:

«... *donde vem que todas as parteiras chinas e canarias curam de medicina e de quantas enfermidades há, sem ninguém saber o que elas sabem. E como as mulheres portuguesas, as mais delas, são chinas ou têm parte disso, são mais afeiçoados a este modo de cura, por ser o seu natural e, pelo contrário estranham muito as curas ao modo português. De maravilha consentem que seus maridos façam uma cura perfeita ao nosso modo — como muitas vezes aconteceu — que, ordenando eu tal ou tal coisa ao enfermo, ou não lhe aplicam o que se lhe mandou fazer, ou acabam com ele que o não faça. Estando eu actualmente curando, ao presente, dois portugueses, sem minha ordem chamou-se a cada um deles a sua parteira, com as quais se curavam e por esta desordem se foram para a outra vida.*»

BARBAROS DO SUL

Entre 1543 e 1639, principalmente depois de instalados em 1557 em Macau, os portugueses montaram um sistema comercial baseado no envio de sêdas da China e da India destinadas a troca por prata japoneza, que seria utilizada na aquisição de mais sêda. O grande barco negro de Macau zarpava em Julho ou Agosto, atingia Nagasaki e regressava no princípio do ano seguinte. (C. R. Boxer: THE GREAT SHIP FROM AMACON,, 1959, 1988). E das presenças portuguesas no Japão, uma das mais significativas foi a de **Luis de Almeida (1525-1584)**, que entre 1556 e 1561 praticou e ensinou Medicina e Cirurgia, ergueu Hospitais e Orfanatos, instituiu uma assistência materno-infantil ainda hoje recordada e podemos colher elementos relativos a estas actividades na HISTORIA DE JAPAN de Luis Fróis (1532-1597), editada em 1984 por José Wicki e nas CARTAS QUE OS PADRES E IRMÃOS DA COMPANHIA DE JESUS ESCREVERAM DOS REYNOS DE JAPÃO E CHINA...,Evora, 1598, editadas por Dom Teotónio de Bragança.

Luis Fróis registou que **Luis de Almeida** «*foi o que inventou fazer o Hospital em Bungo*» (**Oita** City), para «*recolher as crianças engeitadas, filhos de gentios que por sua pobreza tem por melhor remédio matá-los quando nascem. Elle curava sendo Irmão, por suas mãos todos os doentes que alli pela fama concorriam, por ser cousa tão nova, no Japão, e os remediava corporal e espiritualmente. E tinha alli uma botica com tantos materiais e mèzinhas, que mandava vir da China...*». Em **1562** «*No hospital dos pobres havia passante de cem pessoas, afora os que cada dia concorrião de diversas partes... os mais delles erão de chagas afistuladas... e os nossos não deixavam de espantar de ver o que as mèzinhas obravão naqueles enfermos, tendo para isso tão pouca eficácia*».

Nas CARTAS... p. 62, **Luis de Almeida** em **1559** diz que «*A obra do **esprital** he hum sino nam pequeno pera toda esta terra de Japãn, como carecem em suas terras de tal **obra de misericordia**, & isto não porque não haja entre elles homens de grandes esmolas, que ha homens segundo ouvi, que andam pedindo esmola para poderem dar esmolas: mas **não teem maneira de cura, principalmente de çurúrgia**, & destes males hão-no por mal incurável, & nenhum ha que acabe de sarar dos que tenho visto, & as **nossas mèzinhas*** *pola bondade do Senhor he maravilha como obram nelles. He de maneira que de quinze, & vinte annos de doenças, em trinta quarenta dias, vão sãos: & destes muitas pessoas, & assim veem a curar-se a este esprital de 50, 60 léguas, & soa já a nova pelo Miaco. Foram os doentes em tanto crescimento, e vão, que **foi necessário fazer-se huma casa grande**, com suas **camaras para os doentes**, & esta **para gente limpa**; a qual se fez de esmolas do esprital, e custaria cento & trinta cruzados acabada. Veem-se a curar fidalgos, & Bonzos dos principais da terra. São curados este verão destas doenças grandes passante de sessenta pessoas. Muitos se fazem Christãos depois de sãos, e terem feito entendimento das coisas que se lhes prega: & não somente os que foram enfermos, mas os pais, mulheres, e filhos: & creia V. R. que he para estes Japões huma pregação contínua esta obra destas **duas casas** em que se curam. Muito consolado fora de **haver hum ou dois irmãos que** en(tre)mentes o Senhor me dá vida **aprendessem esta arte de curar**, com juntamente aprenderem a língua, para que ficasse esta obra começada com se continuar. **Moços há já** em casa **que entendem** alguma coisa, **mas são moços**, a que os Japões não teem em conta, mas para esta obra era necessário irmãos de meia idade. O Senhor que foi servido começá-la dará quem o leve avante, como eu tenho por certo. Vinho para missas, e algum **azeite de Portugal para os doentes**, nos mandem, que para os sãos basta o miso de cá»* (O "miso" era feito de arroz podre, grãos cozidos e sal...) «*...Aqui vai huma receita de algumas coisas de que cá temos necessidade, para socorrer os pobres: & assim vai a **Malaca** outra para nos mandarem algumas coisas que há na terra, & isto porque não mandamos por nada à China.*»

Em 20 de Novembro de 1559, aos 34 anos de idade, Almeida escreverá: «*O esprital vai em muito crescimento,...*

Há doze Japões irmãos deste esprital, dos quais dois cada ano teem cuidado delle. Os que servem este ano chamam-se Pedro & Paulo, & teem servido de maneira que tomaríamos não se permudarem este ano. Teem seu regimento, como hão de receber os enfermos, e gastar as esmolas...

... cresceu tanto a gente (no hospital) *este ano, & assim he agora, que foi necessário ajudarme alguns da terra, e com serem seis, e sete os que curavamos, & começar pela manhã, acabávamos muito tarde.»*

A Escola Médica nascente denominar-se-á **Namban-ryu, Escola dos Bárbaros do Sul** clandestina após 1586, viva na obra de discípulos e continuadores como Yamamoto Gensen autor do BANGAI-SHUYO, 1619.

Cristovão Ferreira, Jesuita chegado ao Japão em 1600, torturado em 1633 esqueceu o proselitismo e mudou o nome para Sawano Chuan, tendo dedicado o seu tempo a funções de interprete, à prática e ao ensino da Medicina, formando discípulos como Handa Junah, Sugimoto Chukei, Yoshida Ansai, Nishi Kichibei e muitos outros para quem escreveu um tratado Namban-geka Hidensho, o ORANDA-JEKA-SHINAN.

A GRANDE VIAGEM DOS ÓCULOS

Em 1551 Francisco Xavier (1506-1552) ofereceu uns óculos ao Senhor do Castelo de Yamaguchi, provavelmente os segundos óculos que entraram no Japão, depois de uns que pertenceram ao general Yoshimasa Ashikaga (1436-1490) que os deixou ao General Yoshiharu Ashikaga (1511-1550) oferecidos a Kogakushugo (1465-1548), fundador dos Templos Budistas Daisenin, Daitokuji em Kyoto, onde Giiti Hukushima os viu e descreveu no American Journal of Ophthalmology, 1963, 55, 612-613.

Luis Fróis descreveu o encontro para que se «*consertou treze peças ricas... relógio..., espingarda rica de pederneira de três canos, borcado, vidros..., espelhos, óculos, etc. ... cousas nunca vistas naquellas partes...*», assunto que foi objecto de carta escrita por Cosme de Torres em 29 de Setembro de 1551, que regista: «*... Determinou o padre levar a carta que trazíamos do Senhor Governador, & do Senhor Bispo com o cravo e o relógio, & algumas cousas que nos mandou dar o Capitão de Malaca...*». Isto é: ainda que Francisco Xavier eventualmente utilizasse óculos para ler, uma vez que atingira a idade de 45 anos que aconselham lentes esféricas convexas de dioptria e meia quando se não necessita de óculos para longe, é muito provável que os óculos oferecidos ao Senhor de Yamaguchi não fossem propriedade sua, mas antes oferta do Governador de Malaca e possivelmente Chineses.

Muito mais interessante do que este facto é a introdução dos óculos de lentes concavas no Japão, exactamente em 1571, muito poucos anos depois de se começarem a utilizar na Europa. Escreve Luis Fróis: «*Em 1571... o P. Francisco Cabral entrando pela cidade de Guifu, como tinha a vista curta, ajudou-se dos óculos para ver...*» e tal facto despertou a «*mayor admiração*» e a gente simples juntou-se para ver aquele Padre que «*tinha 4 olhos, dous no lugar comum, onde os tem naturalmente todos os homens, e outros dous, com alguma distância deitados para fora...*» e juntaram-se «*4 a 5 mil almas*» para «*ver esta maravilha do mundo*».

Os artistas japoneses pintores de Biombos ditos Namban, especialmente da Escola Kano, não esquecem esta cena e irão representá-la.

Em Lisboa, no Museu de Arte Antiga, existe desde 1954 um par de Biombos Namban atribuido a Kano Naizen, desenhado e pintado cerca de 1603-1610, que na parte indiana representa quatro personagens presbíopes com óculos todos diferentes e de diversas proveniências, a que se juntam outros cinco portadores de óculos na parte japonesa, três com óculos de sol, chineses, um com óculos para correcção de presbiopia, certamente europeus e finalmente há um missionário com uns óculos que pelo desenho parecem ser de lentes concavas, para miopia, que apenas na segunda metade do século XVI se começaram a usar na Europa.

DE SEVILHA A CHAUL

«...teve horror do meu hálito...
...pele e osso, só me restam os lábios ao redor dos dentes...»
Livro de Jó, **19**, 17 e 20

Quando os portugueses embarcaram na grande aventura atlantica, já tinham uma larguíssima experiência do que era a vida no mar. Por exemplo, Fernão Lopes: CRÓNICA DE D. FERNANDO:

«**Cap. XLII:** *Da frota das naaos e galees que elRei Dom Fernando emviou a Barrameda, e do que as gentes padeçiam em quamto alli jouverom:* ... *e gastavasse mujto a çidade de* **Sevilha** *por aazo da servidom do rio, que desta guisa estava* **embargada.** *Passado o veraão, e vijndo o imverno, começou a gente de adoeçer, e os mantijmentos de mingoar, e morriam alguuns e soterravomnos em terra, e dalli os dessoterravom os lobos e comianos; e posto que lhe elRei mandasse* **navios com bizcoito,** *que se fazia no Algarve e em Lixboa,* **e outros mantijmentos** *e cousas que lhe mester faziam, nom era a avomdança tanta que lhe satisffazer podesse; em guisa que per* **frio e fame, e comer desacostumadas viamdas, veherom muitos a morte e fraqueza e comtinuadas doores,** *e se alguuns per morte ou fugimento falleçiam da frota, logo era comprido e comto doutros tantos que novamente tragiam a ella; e issi meesmo mudavom os patrooens que serviam huum tempo, e mandavom outros que servissem nas galles. E mandava elRei alla mujto* **burel, e panos** *de linho e de coor,* **e vestires** *feitos pera alguuns que andavom mal vestidos, e descontavomlhos no solldo, quamdo lhe levavom os dinheiros de que lhe faziam pagamento. Se elRei por razom dembaxadas,* *ou por outra alguuma cousa, avia mester destas naaos e gallees pera emviar a outra parte, tomava aquellas que lhe prazia, e mandavaas fornecer, e pagar seu solldo; e depois que vijnham dhu eram emvjadas, tornavomsse pera a frota dhu ante partirom.* **Parte das naaos e gallees vilnham ao Algarve e a Lixboa**, *e em estes logares lhe pagavom aas vezes seu solldo, e* **tomavom refresco e mantijmento**, *e tornavomsse logo pera a outra frota: mas nom embargamdo isto, ho muj lomgo tempo que* **conthinuadamente** *alli jouverom, que foi* **huum anno e omze meses**, *passamdo* **mujta fame e frio e outras doores**, *fez que se* **perdeo mujta gente** *della; ca* **lhe cahiam os dentes, e os dedos dos pees e das maãos, e outras tribullaçooens** *que passavom, que seria lomgo de dizer.»*

O bloqueio naval do Guadalquivir dilatou-se por dois anos menos um mês, em 1369-1371 e contou com 28 galés e naus portuguesas comandadas pelo almirante Lançarote Peçanha e por João Foçim, castelhano, apoiadas por mais quatro galés a soldo de Reinel de Grimaldi, sendo patrões da frota Badasal de Spinola, Brancaleon, genovês, João de Mendonça e Gonçalo Durães, de Lisboa e Gomes Lourenço, de Carnide, experiência mediterrânea, genovesa e hispânica que ajuda a explicar o relativo sucesso deste empreendimento em que se passou muita **fome, frio e dores** e **morreu muita gente** a quem **cairam dentes e dedos dos pés e das mãos**. Reconheceu-se a **necessidade de mantimentos frescos** e **equipamentos adequados, a importância da boa apresentação dos combatentes, a utilidade de curtos períodos passados fora do teatro de operações**. Na época nada se sabia sobre as causas dessa estranha doença das gengivas que atacara o **Jó** do Antigo Testamento, que irá chamar-se mal de Luanda e mais tarde escorbuto, antes que soubessemos ser «apenas» a Avitaminose **C**. Fernão Lopes não nos disse se aquela «malta das naus» descobriu em Sevilha o caminho dos laranjais, mas em algum ponto da terra conhecida terá tido começo a apetência por «**laranjas, que muito desejavam os doentes**», certamente muito antes do dia 9 de Janeiro de 1499 referido por Alvaro Velho(?).

Dois séculos passados sobre aqueles acontecimentos, no tempo em que Cristovão da Costa (1535-1596) permaneceu na India, cerca de 1570, vamos encontrar em António Pinto Pereira: HISTÓRIA DA INDIA NO TEMPO EM QUE A GOVERNOU O VISOREI DOM LUIS D'ATAÍDE, 1617, Livro segundo, p. 112:

«*Capit. XXXIX. Da enfirmidade q'sobreveio aos de Chaul... Porque a Chaul não falecesse algum dos males & trabalhos, que nos outros cercos & guerras prolõgadas soem auer, deo nos cercados, no cabo de verâo, hu'a enfermidade, que **não sendo febre** pestile'cial, tinha disso muitas aparencias, por **criar ingoas nas verilhas**, & em outras partes do corpo, acompanhadas de **grandes dôres**, atalhando a potencia dos membros, de maneira que os não podia mandar quem era occupado della. Porem com ser doença tam rija no atormentar, não era mortifera, porque ninguem morreo della.*»

NO TECTO DO MUNDO

António de Andrade (1581-1634), partiu para a India em 1600, e depois de alguns anos no Colégio de Jesus, em Goa, dirigiu-se a Agra onde estudará a lingua persa e colherá informações sobre a região de Cachemira, as vertentes mais ocidentais dos Himalaias, a zona do Pamir, a ligação a Samarkanda e à antiquíssima rota da seda e em 1626 fundará uma missão em Chaparangue ou Tsaparang. Carta datada de 8 de Novembro de 1624 dá-nos conta da sua primeira incursão em alturas que rondaram os cinco mil metros, descrevendo com muita exactidão a patologia pelo frio e pelas radiações solares em grandes altitudes:

«... *o trabalho que passámos **foi muito excessivo**, porque nos acontecia muitas vezes ficar encravados dentro da neve, ora até os ombros, ora até os peitos, de ordinário até o joelho, **cançando** a sair acima, **mais do que se pode crer**, e **suando suores frios**, vendo-nos não poucas vezes em risco da vida; ... **Nos pés, mãos e rosto, não tinhamos sentimento**, porque com o demasiado rigor do frio, ficávamos totalmente sem sentido; aconteceu-me, pegando em não sei quê, cair-me um bom pedaço do dedo sem eu dar fé disso nem sentir ferida, se não fora o muito sangue que dela corria. **Os pés foram apodrecendo** de maneira que, de **mui inchados**, no-los queimavam depois com brazas vivas e ferros abrazados, e **com mui pouco sentimento** nosso; a isto se acrescentaram dous grandes males, o primeiro, que cada um de nós tinha um **mortal fastio**,... A outra cousa que nos foi de pena era não achar água para beber... por razão da **secura** que causava o muito trabalho...*

*...Já neste tempo tinhamos **a vista dos olhos quase toda perdida**, mas eu a perdi mais tarde que os moços, pola muita diligência que fiz em **resguardar os olhos**; mas não foi bastante pera não ficar **quase cego** por mais de **vinte e cinco dias**, sem poder rezar o Ofício Divino **nem ainda conhecer uma só letra** do Breviário...*

*... mas como já **víamos muito mal**, nem divisávamos mais que tudo branco...*

*... só me **faltava a mim a vista**, e não é muito pois até os mesmos serranos, que desta segunda vez foram connosco,*

*com serem costumados e nascidos entre as mesmas neves, padeceram grandes **dores nos olhos** por alguns dias, sem lhes valer **antolhos de certa rêdes** que fazem pera **defender a vista dos raios do sol**, que, ferindo a neve, **cegava os olhos** com a continuação de poucos dias.»*

O Padre António de Andrade tinha 43 anos, entrava numa idade em que começava a ter necessidade de uns óculos para ler e é espantoso que não se tenha esquecido do Breviário na cambulhada do equipamento que lhe foi possível transportar.

O frio intenso altera a transparência da córnea, que perde a capacidade para manter a sua própria espessura e transparência, fica turgida por imbebição de água, e deixa de ser diáfana mas se houver um reaquecimento até à temperatura de 37^0, e a bomba de sódio localizada no endotélio reentrar em funcionamento, haverá deturgescência e recuperação da visão, tanto mais problemática e demorada, quanto a gravidade da exposição ao frio e as complicações que possam surgir, tais como queimaduras pelo frio, iridociclites, uveites e glaucoma agudo.

A luminosidade e as radiações são prejudiciais aos olhos não obstante as defesas disponíveis em que participam orgãos de protecção como as palpebras, reguladores da entrada de luz como a iris e um eficientíssimo sistema de arrefecimento formado pela úvea.

Em 1957 uma expedição médica explorou os Himalaias a uma altitude de 5300 metros e registou como principais dificuldades a adaptação ao frio, os problemas respiratórios, a tosse e os problemas com os olhos (B. Spirig: MEDICIN DANS L'HIMALAYA, Symposium Ciba, 1957, 5, (2), 57-62).

1 4 . TRÊS DOCUMENTOS

> «.... o ódio, infelizmente,
> quando o clima é de horror,
> é forma inteligente
> de se morrer de amor.»
>
> António Gedeão: Amor Sem Tréguas

FALSOS MÉDICOS

«*Eu EL-REI, como Protector, que sou, da Universidade de Coimbra, faço saber aos que este Alvará virem, que, sendo-me consultado, pela Mesa da Consciencia, as duvidas que se moviam, entre a dita Universidade, e o Phisico-mór, sobre as licenças que elle dava para curarem Phisicos, que não são graduados pela dita Universidade, houve por bem mandar fazer declaração, na forma seguinte:*
Que o Phisico-mór não possa dar licença a Medicos idiotas para curarem onde houver Medicos letrados graduados pela Universidade de Coimbra; *e achando o Conservador, que alguns curam nos ditos logares, com licença do Phisico-mór, ou sem ella,* **poderá privativamente proceder contra elles;** *porque, como o Phisico-mór lhes não pode dár a tal licença, claro fica, que á Universidade*

pertence castigar os taes culpados; nem outrosim o Phisico-mór se poderá intrometer em conhecer dos aggravos, que por qualquer via se tirarem do Conservador, sobre estes casos, pois não é superior.

*E **os ditos aggravos**, e appellações irão direitamente à Casa da Supplicação desta Cidade de Lisboa, como sempre se usou, para se determinarem nella como parecer justiça.*

*Poderá todavia o Phisico-mór dar licença aos **Medicos idiotas**, para curarem nos logares onde não houver **Phisicos letrados**, vista a sentença dada entre elle e a Universidade; pelo que, nem o Conservador della poderá proceder contra **os taes** idiotas, que sem licença do Phisico-mór curarem nos logares onde não houver letrados, vista a forma da mesma sentença, que privativamente concede ao Phisico-mór esta jurisdicção.*

*E declaro, que, se nas devassas, que o Conservador tirar, dos Médicos que curam contra forma dos Estatutos, achar alguns idiotas culpados, por curarem nos ditos logares sem licença do Phisico-mór, lhe remeterá suas culpas, para elle as castigar, sendo-lhe deprecado por elle. Nem se impedirá ao Phisico-mór dar licença para curarem Phisicos **graduados em outras Universidades fóra de Coimbra**, com declaração, que a estes proverá o Phisico-mór como a não letrados, e pelo conseguinte serão excluidos nos logares em que houver graduados por Coimbra.*

E contra os que o Phisico-mór provêr em differente forma, poderá proceder o Conservador da Universidade.

*E mando que este Alvará se cumpra, e guarde, como nelle se contém, sem embargo do **Regimento do Phisico-mór**, e de quaesquer outros Regimentos, Provisões, e Estatutos, que em contrário haja; posto que tenham clausula, que não possam ser revogados sem fazer delles expressa menção. O*

que todas Justiças, e Officiais, e mais pessoas assim cumprirão, como nelle se contém; o qual hei por bem, que valha, e tenha força e vigor, como se fosse Carta feita em meu nome, por mim assignada, etc.
Luiz de Paiva o fez, em Lisboa, a 12 de Maio de 1608.
— Fernão Marques Botelho o fez escrever. = REI.»(José Justino de Andrade e Silva: COLLECÇÃO CHRONOLOGICA DA LEGISLAÇÃO PORTUGUEZA, 1603-1612, 1854, pp. 221-222)

E este estado de coisas apenas melhorará no fim do século XVIII... Em 1771 o estado da Medicina era o seguinte: os médicos saiam da Universidade deficientemente preparados, «desprezavam a Anatomia», «carregavam as Receitas de infinitos ingredientes», «desprezavam a observação, e a experiencia»...

«103 Tal era o estudo público da Medicina, e taes os Medicos, que delle sahiam. E que diremos da innumerável copia de Cirurgiões, de Boticarios, de Barbeiros, de Charlatões, de Segredistas, de Mezinheiros, de Impostores, e até de mulheres Curadeiras, que pelas Cidades, pelas Villas, pelos Lugares, e Campos se mettiam a praticar a Medicina, e conseguiam a fortuna de serem attendidos, e chamados, até que a triste experiencia de muitas mortes, de que eram réos, os fizesse ser desprezados? Teriamos aqui hum larguissimo campo para discorrer, e fazer ver quanto esta praga inficionou o Estado; e quanto concorreo para ruina da Medicina, se não fossem notorios todos estes estragos, e evidente, que a origem delles nascia da ignorancia, em que estavam os Póvos; do Fanatismo, que por elles reinava; da falta de Medicos sabios, e desinteressados; da desordem, que praticavam os Fysicos móres na administração do seu Officio; e das Leis

*defeituosas, que os dirigiam. Leis, que, concedendo faculdade aos Fysicos móres para darem licença de curar aos **idiotas**, e ás **mulheres**, onde não houvessem Medicos graduados, abríram uma larga porta a mil abusos, que leváram ao Estado muitos dos seus Vassallos; fizeram a Medicina desprezível; e espalháram por toda a parte o **Idiotismo**, e a **Superstição**.»* (COMPENDIO HISTÓRICO DO ESTADO DA UNIVERSIDADE DE COIMBRA (1771), Parte II, Cap. III, pp. 342-343)

FALSAS ESCOLHAS

*«Em Carta Regia de 27 de Novembro de 1613. — Vi uma consulta da Mesa da Consciência **sobre a Cadeira de Cirurgião, que hade haver na Universidade de Coimbra** — e hei por bem de approvar o que se aponta ácerca do ordenado, e mais qualidades da dita Cadeira, e das que devem concorrer na pessoa a quem se encarregar — e que, por o Reitor não haver dado seu parecer ácerca dos sugeitos que para isso ha, se lhe peça, e a sua resposta se veja, e se consulte o que ácerca della parecer. = D. Francisco de Castro».*

«CONSULTA — a que se refere a Carta Regia supra. — Em conformidade do que Vossa Magestade manda, em Carta sua de 28 de Fevereiro de 1612, se ordenou ao Reitor da Universidade, e Lentes da Faculdade de Medicina de Coimbra, dessem seu parecer, como a mesma Universidade o havia pedido, na replica da Reformação, no número 117, sobre as partes e qualidades que deve ter o Lente da Cadeira de Cirurgia, que na Reformação, que fez D. Francisco de Bragança, Vossa Magestade houve por bem se creasse de novo n'aquella Universidade.

E responderam que, communicada a materia com as pessoas a que tocava, parecera que quem houvesse de ler a dita Cadeira deve ser graduado na Faculdade de Medicina, e obrigado a tomar o gráo de Doutor, no tempo que os Estatutos da Universidade ordenam, e a ler as materias, e na ora, que pelo Conselho forem apontadas – e visitar e curar no Hospital d'aquella Cidade nos casos de Cirurgia, assim e da maneira que era obrigado a fazer o Lente de Anathomia, que desta obrigação ficará escuso – e que esta Cadeira seja trienal, com cincoenta mil reis de salario, de mais dos doze que o Estatuto aponta, pela pratica do Hospital, e cura dos doentes.

Vista a resposta do Reitor e Lentes da Universidade, e como nella não apontavam sugeitos para esta Cadeira, de que Vossa Magestade podesse fazer escolha, quando assim lhe parecesse que convinha a seu serviço, ordenou a Mesa que o Doutor **Balthazar de Azevedo, Fisico-Mor da Universidade**, *informasse particularmente das pessoas que de presente ha, assim no Reino, como fóra delle, para poderem ler esta Cadeira de Cirurgia – ao que satisfez,* **respondendo que dos estrangeiros não tinha notícia alguma;** *e porque* **dos mais dos Cirurgiões do Reino são romancistas, e sem letras,** *se lhe representavam só* **dous homens de consideração, graduados em Medicina,** *que também professaram Cirurgia – e um deles era* **Fernão Bocarro**, *Licenciado pela* **Universidade de Coimbra**, *ao qual elle tinha por* **letrado e anathomico**, *ainda que agora o achava distrahido e embaraçado com rendas e contracções, que devem impedir muito a quietação, e emprego do tempo, que as letras requerem – e que outro se chama* **Manoel Alves** *de* **Serpa**, *que* **estudou fóra deste Reino**, *e veio, haverá dous annos, á Universidade de Coimbra, aonde fôra provido da* **porção** *que Vossa Magestade manda dar aos Médicos que* *não tem raça* — *e que com o dito* **partido**, *se formára e approvára dando mostras de boa sufficiencia, pelas quaes se pozeram logo os olhos nelle para poder lêr Cirurgia, pela haver aprendido e exercitado muitos annos.*

Pareceu que a Cadeira de Cirurgia que Vossa Magestade quer que de novo se crie, deve ter as qualidades, salario, e mais obrigações que a Universidade aponta em sua resposta — e que por esta primeira vez se proveja de mercê, para que assim **ficando a escolha do sujeito que ha de lêr a Vossa Magestade, e não aos Estudantes de Medicina,** *possa elle ser qual convem — e que este* **pode ser o Bacharel Manoel Alves de Serpa, por ser christão velho,** *e ter as mais partes necessárias para esta occupação, e estar em idade competente para poder continuar nella, e se esperar que com sua applicação melhorará cada vez mais — o que não concorre no* **Licenciado Fernão Bocarro, por ser da nação** *e mais de 50 anos de idade, e andar tão distrahido, como fica dito. Lisboa, 24 de Outubro de 1613. = (Seguem as assinaturas).* *—Reg. de Consultas da M. da Consciência, fol. 233 v.»* (*José Justino de Andrade e Silva:* COLLECÇÃO CHRONOLOGICA DA LEGISLAÇÃO PORTUGUEZA COMPILADA E ANOTADA, 1613-1619, 1855, pp. 67-68).

FALSAS SOLUÇÕES

«*Snr. Foi V. Maj. de servido ordenar-me que pusesse a concurso a Cadeira de Anatomia à instância do Dr.* **Mel. Dias Ortigão** *Lente de Cirurgia, sem embargo de se achar um lente igualado a ela e ter havido há muito pouco tempo oposições nesta Faculdade e porquanto o fundamento que deu o dito Doutor foi, para que constasse se na Universidade* se sabia Anatomia, ou não, sem a qual ciência nenhum Médico podia curar; primeiro que informe da capacidade dos opositores que entraram neste concurso, me pareceu fazer presente a V. Majest. o seguinte.

Conforme dizem os Médicos a Anatomia se divide em prática ou cirurgica e em teórica ou médica; **a prática se exercita dividindo e separando com as próprias mãos** e ferros para isso próprios, **as partes de todo o Corpo Humano** ou de qualquer animal, para que se vejam distintamente e se conheçam os lugares, origens e tudo o mais, que é necessário saber-se, e o exercício desta arte, que o haja, é muito conveniente, porquanto ainda que haja muitos livros sobre esta matéria pelos quais os Médicos e Cirurgiões podem aprender e saber o uso das partes do Corpo Humano e serem anatómicos, da Anatomia teórica, contudo como este exame que fazem os práticos seja muito dificultoso e se enganem muitas vezes os olhos, e se tenham achado muitos erros nos Autores em todo o tempo, como consta de Galeno, que emendou muitos em que cairam Médicos mais antigos que ele, e os Anatómicos modernos emendaram depois muitos do mesmo Galeno, como esta Arte cada vez se aumenta mais **inventando-se melhores microscópios e ferros, com o exercício dela poderá descobrir-se** mais do que até agora se tem descoberto.

É também necessária muitas vezes esta Arte, quando os Médicos encontram uma doença e pelo que nela observaram lhe faleceu o doente, sem eles a conhecerem para a saberem curar, e se fizerem **Anatomia no cadáver**, pelos sinais que tinham achado poderão conhecer qual era a parte ofendida, para quando lhe suceder outro caso, em que achem os mesmos sinais, lhe acudir com remédio próprio.

A Anatomia teórica ou médica consiste em saberem os Médicos as partes do Corpo Humano somente pelo que *dizem os livros sem as terem visto mais que pelo exterior e desta dizem que é precisamente necessária para curar e não a prática a qual compete aos Cirurgiões e não aos Médicos, sendo que Galeno, que é o seu texto foi igualmente **Cirurgião e Médico**, e exercitou a Anatomia prática e outros muitos Médicos antigos, por **ser a Cirurgia parte da Medicina**, e eu entendo que os Anatómicos modernos que actualmente exercem a Anatomia prática e escrevem sobre esta matéria, não são puramente Cirurgiões mas **Médicos**.*

*Isto suposto, pode entrar em dúvida se esta Cadeira de Anatomia se deve prover em sujeito capaz de ensinar a Anatomia prática exercitando-a por suas próprias mãos; e eu o que posso dizer é que nesta Universidade se exercitou antigamente a Anatomia prática e que tem esta obrigação o Lente desta Cadeira por suas próprias mãos e na mesma forma o de Cirurgia curando os doentes do Hospital, e também consta que estes Lentes eram juntamente **Médicos e Cirurgiões**.*

*Prova-se o referido por dois Alvarás do Senhor Rei D. João o 3º ambos passados em Santarém em **16 de Outubro de 1546**, pelo primeiro manda EL-Rei ao Provedor do Hospital de Coimbra, que das pessoas que morrerem nele dê e faça dar ao Dr. **Rodrigo de Reinoso** seu Físico, Lente Catedrático de Prima de Medicina na Universidade, aquelas que ele lhe pedir para em seus corpos fazer anatomia, e que serão pessoas estrangeiras, de que por isso se não siga escândalo; e pelo outro Alvará manda El-Rei ao Corregedor da Comarca de Coimbra que das pessoas que morrerem nesta Cidade por justiça mande dar ao dito Dr. aquelas que ele lhe requerer para se fazer anatomia, as quais serão estrangeiras e pessoas de que por isso se não siga escândalo algum.*

*E naquele tempo não havia ainda na Universidade Cadeira de Anatomia e o primeiro Lente foi **Afonso de Guevara*** *natural de Granada por provisão de **8 de Junho de 1556**, e por outra de **26 de Outubro de de 1557** se lhe mandou que lesse também Cirurgia duas vezes em cada semana.*

*Prova-se também da Reformação dos Estatutos Nº 103 pela qual se ordena que do Hospital de Coimbra se dê **em cada um ano um sujeito humano, ou dois**, para se fazer **anatomia**, como se usa em Salamanca, porque as que se fazem em outros sujeitos não são de consideração.*

*Prova-se também dos Estatutos Liv. 3 Tit. 5, 23 e da Reformação nº 157, pela qual se determina que **o Lente de Anatomia cure com suas mãos**, ou por um seu ajudante em sua presença, no hospital todos os doentes que pertencem à sua arte de **Cirurgia** e à sua custa se proverá dos ferros necessários e **somente lhe dará a Universidade os ferros para o exercício das anatomias;** e desta Reformação, que foi publicada no ano de **1612**, se mostra que ainda naquele tempo a **Cadeira de Cirurgia estava unida à de Anatomia** e se separou depois por provisão de **5 de Maio de 1621** fazendo-se mercê dela a **M.el Alv.es Carrilho** que não era somente Cirurgião mas Médico, pois foi depois provido na Cadeira de Avicena por provisão de 17 de Dezembro de 1631.*

__Porém não acho vestígios de que na Universidade houvessem ferros para se fazerem anatomias, nem também de que se fizesse em corpos humanos__, e a prática de que há memória até agora, é mandar chamar o Lente de Anatomia um cortador do açougue que traz os seus próprios instrumentos, de que usa, e vai partindo o carneiro pelas partes, que o Lente lhe manda em presença dos estudantes aos quais o Lente explica, e declara o uso delas.

*Isto suposto, quanto à questão se é conveniente prover a Cadeira de Anatomia em **pessoa que a exercite por suas***

169

próprias mãos, não posso interpor o meu parecer, porque é para mim muito alheia esta profissão, porém poderá V. Maj. de, se fôr servido, mandar ouvir alguns Médicos dessa Corte e eu som.te digo que na Universidade não há Médico algum que quando se resolva impor-se a obrigação de que exercite a Anatomia praticamente, possa ser provido, porque a não sabem e cuido que nem em todo o Reino haverá Médico algum português que a saiba, com que será forçoso buscar Anatomista estrangeiro.

*Digo mais, que quando com efeito venha Médico estrangeiro ler esta Cadeira os Estudantes Médicos não duvidarão de lhe assistir as anatomias e **lhes será muito útil**, porquanto conhecerão melhor o uso das partes do corpo humano, vendo-as com os seus olhos, do que estudando pelos livros, em que poderão achar variedade; porém aprender a arte prática para poderem vir a ser mestres dela nesta Cadeira, duvido muito que se sujeitem a isso, pela grande diferença em que supõem que estão dos Cirurgiões, e será necessário para se conservar esta Cadeira nesta forma, estar sempre buscando estrangeiros quando ela vagar.*

Quanto à Anatomia teórica ou médica, mais ou menos, todos os Médicos a sabem, porque de outra sorte não poderiam curar; porém estes opositores mostraram que somente tinham estudado pelos autores anatomicos galenistas, porquanto nem nas ostentações, nem nas oposições falaram em doutrina alguma dos Anatómicos modernos e na Postila, que fizer, refira o que eles dizem e o que dizem os Galenistas e quando os achar encontrados, siga a opinião, que lhe parecer mais verdadeira, ainda que seja contra o mesmo Galeno...

V. Maj.de mandará o que for servido. Coimbra, **15 de Junho de 1739.**

***Francisco Carneiro de Figueiroa**, Ref.or Reitor.*

(A. N. T. T., Mesa da Consciência e Ordens, Univ. de Coimbra, Maço 51, transcrição de **J. J. Carvalhão Santos**:

O REITOR FRANCISCO CARNEIRO DE FIGUEIROA (**1662-1744**) E A PROBLEMÁTICA DA RENOVAÇÃO DOS ESTUDOS MÉDICOS, Kalliope, De medicina (Coimbra), 1990, 3, 15-20)

COMENTÁRIO

Das muitas dificuldades então vividas, sem esquecer as Leis de 10 de Novembro de 1621 e 23 de Fevereiro de 1623 que proibiram a contractação de cristãos novos como professores, resultaram prejuizos para a Universidade e para a Medicina que Feliciano Guimarães e Rocha Brito em «A FACULDADE DE MEDICINA DE COIMBRA (de 1290 a 1911), Actas Ciba, 1950, 14, 528-581, p. 556, resumiram da seguinte forma:

«*De quanto se disse conclue-se ter havido alguns professores que, levados pela sua curiosidade e inquietação espiritual, apesar da míngua de recursos e estímulos, conseguíram até certo ponto renovar o seu ensino, mas a grande maioria deles, presos à letra dos estatutos, não indo mais longe do que lhes ensinaram os livros oficiais, ficaram surdos ao movimento renovador de além fronteiras e até de escritores nacionais...*» fim de citação, **que triunfavam além fronteiras...**

As razões que terão levado D. João III a transferir a Universidade portuguesa para Coimbra em 1537 foram especialmente gravosas para a Medicina, que lutou com obstáculos muito poderosos, sendo necessário que no relógio do tempo e da História se escoassem mais do que dois longos séculos antes que surgissem soluções para a Anatomia ou a Cirurgia. Afonso Rodrigues de Guevara, um anatómico consciencioso e sabedor que estará em Coimbra entre 1557 e

1561, comentará Galeno e Vesálio em 1559 (...in pluribus ex ejs quibus Galenus impugnatur ab Andrea Vesalio Bruxelensi in construtione et usu partium corporis humani defensio...), criará no Hospital de Todos os Santos, em Lisboa, uma escola de Cirurgia que formará Homens como António da Cruz, autor da RECOPILAÇÃO DE CIRURGIA, 1601 ou António Ferreira, autor da LUZ VERDADEIRA E RECOPILADO EXAME DE TODA A CIRURGIA, 1670, mas não deixa discípulos em Coimbra. João Bravo, Chamisso, natural de Serpa, que teve a Cadeira de Anatomia em 1596 e a sua posse em 1601, passando para a Cadeira de Vespora em 1614, será jubilado em 1624 após uns autos e diligências de inquirição que tiveram lugar entre 1619 e 1624 e depois de ter publicado o DE MEDENDIS CORPORIS MALIS PER MANUALEM OPERATIONEM, Coimbra, 1605, onde faz simpáticas referências a Vesálio e recorda o tempo passado no Gimnasio Anatómico a pensar nos livros de Galeno «De vso partium».

Em 1613 o Físico-mor da Universidade, que por dever de ofício tinha a obrigação de saber que médicos nacionais e estrangeiros exerciam em Portugal, apenas recorda dois: selecciona o da terra do Dr. João Bravo e diz que o mais credenciado era de nação.

Em Toulouse falecera em 6 de Abril de 1612 Manuel Alvares, nascido em 1544 em Beja de quem se conhece um SOMMAIRE DES REMEDES TANT PRESERVATIFS QUE CURATIFS DE LA PESTE, publicado postumamente em 1628.

Zacuto Lusitano (1575-1642), doutorado aos 21 anos de idade em Siguenza, depois de algum tempo em Coimbra onde satisfez junto do Físico-mór as condições que se exigiam para o exercício da Medicina aos doutorados no estrangeiro, estaria então a exercer clínica em Lisboa e na segunda década deste século passará a Amsterdão, onde publicará os seus trabalhos. Dir-se-ia que era neto de Abraão Zacuto.

Estevão Rodrigues de Castro (1559-1637), médico pela Universidade de Coimbra, é obrigado a sair para o estrangeiro, percorre a Europa, fixa-se em Itália e em 1616 torna-se professor em Pisa, mas se estivesse em Coimbra levaria um rotulo de velho, um carimbo de judeu e uma desculpa qualquer com a indicação amável para ir bater a uma outra porta.

Manuel Bocarro (1588-1662), nascido em Lisboa, Doutor por Montpellier e Alcalá de Henares, autor de um TRATADO DOS COMETAS... que apareceram em... 1618, Lisboa, 1619, LUZ PEQUENA LUNAR..., 1624, ANACEPHALEOSES... 1624, mais tarde médico de Fernando III da Austria...

Das apostas do professor Baltazar de Azevedo, Fernão Bocarro tinha quase todos os requesitos: em 1581 provou cursar quanto se requeria para ser Bacharel em Artes, o que obteve em 5 de Maio de 1581, conseguindo a licenciatura em 5 de Maio de 1582. Matriculara-se em Medicina em 4 de Outubro de 1581, primeiro acto para licenciatura em 26 de Maio de 1587, segundo acto no dia 30 e terceiro no dia 2 de Junho do mesmo ano, «colibetos» em 17 de Junho, autorização régia em 19 de Junho de 1587, Licenciatura em Medicina em 29 de Junho de 1588. Mas era de nação...

Manuel Alvares, de Serpa, que posteriormente surge como Manuel Alvares, Carrilho, de Serpa, acabaria por ser indigitado para a cadeira de Cirurgia em 18 de Abril de 1614, «o que por então não teve efeito», voltando a ser indigitado em 5 de Maio de 1621 com posse em 15 de Maio de 1622.

Manuel Alvares obterá a cadeira de Avicena em 17 de Dezembro de 1631, «porém não chegou a tomar posse».

1 5 . ELOGIO DA MEMORIA

«A memoria das cousas pasadas da conhecime'to paas do pese'te e avjsame'to das que som por vijr.»
FREI JOÃO ALVARES, Trautado... S.or
IFÃNTE DÕ FERNÃDO, 1460

«... o esforço do homem para se conhecer a si mesmo e ao Mundo é uma lenda sem fim onde existem muitas passagens e laços secretos entre os sucessores famosos e os inúmeros pioneiros que ficaram por cantar...»
DANIEL J. BOORSTIN: Os Descobridores, 1987

A memória existe se estiver em corpos de Hirano, em monumentos, em documentos, em bases de dados... e a recolha desses dados permite construir a História, que é um saber por inquirição que nasceu no mundo grego, provavelmente na Asia, em Escolas Médicas como Cós ou Cnide, quando se observou que o corpo humano variava com os ares, os lugares, a alimentação e os modos de vida. Os discípulos de Hipócrates (460-377) conhecem este assunto, aperfeiçoaram a sua metodologia, chamaram-lhe História Clínica. Amato, seguindo Galeno (130-200), ensina: «*são dez as circunstâncias a valorizar na observação: o aspecto, os sintomas, a localização, o tempo, a evolução, a idade, a natureza, a alimentação, as mudanças do tempo, a profissão»*, mas escreveu-o em latim:«*Sunt bis quinque tibi humores ut noveris omnes, / Et valeas aegro removere e corpores morbos, / Nempe color, casusque, vocant simptomata Graeci, / Et regio, et tempus, morbusque his additur aetas, / Natura, et victus, matatio temporis, arsque.*»

Nos nossos dias, Jacques Le Goff dirá: «*Os Homens — no masculino e no feminino, na infância, na juventude, na maturidade e na velhice, do nascimento até à morte — não vivem apenas no meio dos objectos e dos pensamentos de todos os dias, vivem com o seu corpo, por meio do seu corpo. Este objecto de estudo da medicina, da anatomia, da fisiologia, da biologia, transformou-se também em objecto da história. As representações colectivas do corpo, esse suporte da saúde, da doença, do exercício físico, da sexualidade, são diferentes, conforme as sociedades e as épocas. A história do corpo só assume todo o seu significado ao nível do quotidiano.*» (HISTORIA E NOVA HISTORIA, 1 989).

Procuramos a verdade, investigamos o que não sabemos, visamos causas primeiras e finais. Quem somos? De onde viemos? Para onde vamos? Acaso e necessidade determinam as nossas vidas e a nave Terra em que vivemos e morremos gira na orla exterior de uma galáxia disparada pelo espaço intergaláxio à velocidade de 220 km por segundo.

Tal como certas radiações, há homens de génio que seguem em linha recta para o seu destino como Colombo em 1492, acabando por ir de encontro a coisas que não procuravam, enquanto outros, como o Gama, nao desesperam por andarem às voltas e sempre acabam por chegar.

Na Universidade portuguesa a História da Medicina aprendia-se inicialmente na leitura das obras de Hipócrates,

Galeno, Rahzes e Avicena e só em 1772 é que começou a ser ensinada de forma sistemática, no início de cada Cadeira, vindo a fixar-se na 8ª que era Patologia Interna, Doutrina Hyppocrática e História Geral da Medicina, passando em 1906 para a 6ª Cadeira, Patologia Geral e Bacteriologia, então criada. A Reforma Republicana de 22 de Fevereiro de 1911 coloca a História da Medicina no ciclo Clínico e atribui a sua regência a um professor escolhido pelo Conselho Escolar, o que irá impedir que esta Disciplina alguma vez tenha instalações próprias, biblioteca privativa, museu, quando a História da Medicina seria a Cadeira legitimamente vocacionada para despertar nos Alunos um natural orgulho em relação à Escola a que pertencem, incumbindo-lhe mais do que a qualquer outra zelar pela conservação do património da Instituição, não apenas paredes e objectos, mas ainda documentos, fotografias, livros, revistas, separatas, manuscritos, autografos, tudo quanto de alguma forma fosse representativo do passado da Faculdade.

Dizia António Nunes Ribeiro Sanches (1699-1783), no METODO PARA APRENDER E ESTUDAR A MEDICINA, 1763: «*... para se saber huma cousa bem, necessita-se saber a sua História e todas aquellas connexoens, semelhanças, ou dessemelhanças, que tem com as mais... que se dezenganem os que quizerem ter bons Médicos nos seus Estados, he necessário que sejam homens de lettras, e amantes do saber, porque de outro modo terão officiais de Medicina, mas não Médicos*». Para Ribeiro Sanches, «*O principal intento do Lente desta História seria plantar no entendimento dos seos ouvintes **aquella Critica**, ou discernimento que nos fas julgar da verdade, da falsidade, ou das duvidas no que lemos, e do que ouvimos*».

Dizia Joaquim de Carvalho, que «os bons alunos fazem os bons mestres».

Este trabalho é o resultado de algum estudo, motivado por quantas/os estiveram presentes nas minhas aulas. Consciente de que «ninguém ensina nada a ninguém», aqui lhes deixo uns restos de «loiça partida», nenhumas certezas e muitos problemas.

BIBLIOGRAFIA

AGUAS, N.: *Roteiro da primeira viagem de Vasco da Gama*, Europa-América, 1987
AGUAS, N.: *Viagens na Ásia Central em demanda do Cataio*, Europa-América, 1988
AGUAS, N.: *Fernão de Magalhães*, Europa-América, 1990
ALBUQUERQUE, L.: *Crónica do Descobrimento e primeiras conquistas da India pelos Portugueses, introdução, leitura,...*, Imprensa Nacional, 1986
ALBUQUERQUE, L.: *Dúvidas e certezas na História dos Descobrimentos Portugueses, 1ª e 2ª partes*, Vega, 1990, 1991
ALMEIDA, C. J. P.: *Prima cirurgiae therapeutices elementa, Historiae Chirurgicae Epitome*, Coimbra, 1790
ALVARES, J.: *Obras*, Universidade de Coimbra, 1960
AMARAL, J.: *Penetração seiscentista no reino de Angola*, Coimbra, 1973
AMATO LUSITANO: *In Dioscoridis Anazarbei de medica materia*, Lyon, 1558
AMATO LUSITANO: *Centúrias de Curas Medicinais*, Universidade Nova de Lisboa, 1980
ANDRÉ, C. A.: *Diogo Pires. Antologia Poética*, I. N. I. C., 1983
ARNAUT, S. D.: *A arte de comer em Portugal na Idade Média*, Imprensa Nacional, 1986
ARRAES, A.: *Dialogos*, Livraria Figueirinhas, 1944
ARRAIZ, D. M.: *Methodo de conhecer, e curar o morbo gallico*, Lisboa, 1683
AZEVEDO, J. L.: *História dos Cristãos Novos Portugueses*, Clássica editora, 1975
AZEVEDO, J. L.: *Épocas de Portugal económico*, Classica editora, 1988
BARROS, J.: *Décadas*, Livraria Sá da Costa, 1982
BAYRO, P.: *Venimecum*, Coimbra, 1689
BERNARD, C.: *Introdução à Medicina experimental*, Guimarães & C.ª, 1978
BOORSTIN, D. J.: *Os Descobridores*, Gradiva, 1987
BOXER, C. R.: *The Great Ship from Amacon*, Instituto Cultural de Macau, 1988
BOXER, C. R.: *Estudos para a História de Macau*, Fundação Oriente, 1991
BOXER, C. R.: *O lmpério MarítimoPortugues 1415-1825*, Edições 70, 1992
BRAGANÇA, T.: *Cartas que os padres e irmãos da Companhia de Jesus escreveram doreynos de Japão e China*, Evora, 1598

179

BRAVO, J.: *De medendis corporis malis per manualem operationem*, Coimbra, 1605

BRITO, A. R.: *Juramento de Amato Lusitano*, Coimbra Médica, 1937, nº 1, 33-38

CAETANO, M. P. e NEVES ÁGUAS: *Carta de Pêro Vaz de Caminha a el-rei D.Manuel*, Europa-América, 1987

CAMÕES, L.: *Os Lvsiadas*, Academia das Ciências de Lisboa, 1980

CARVALHÃO SANTOS, J. J.: *O reitor Francisco Carneiro de Figueiroa (1662-1744)*, Kalliope, De medicina, 1990, 3, 15-20

CARVALHO, A. S.: *Garcia d'Orta*, Revista da Universidade de Coimbra, 1934, 12, 61-246

CARVALHO, R.: *História do Ensino em Portugal*, Fundação Calouste Gulbenkian, 1986

CASTRO, A. P.: *Estatutos da Universidade de Coimbra (1653)*, Coimbra, 1987

CASTRO, E. R.: *Obras Poéticas*, ed. G. Manuppella, Universidade de Coimbra, 1967

CATZ, R.: *Cartas de Fernão Mendes Pinto e outros Documentos*, Editorial Presença, 1983

COELHO, A. B.: *Inquisição de Évora*, Caminho, 1987

CONDE DE FICALHO: *Garcia da Orta e o seu tempo*, Imprensa Nacional, 1983

CORREIA, F. S.: *Compromisso da Misericordia de Lisboa*, Acção Médica, 1959, ano 23, nº 91-92. p. 270

CORTESÃO, A.: *A Suma Oriental de Tomé Pires...*, Universidade de Coimbra, 1978

CORTESÃO, J.: *História dos Descobrimentos Portugueses*, Circulo de Leitores, 1979

COSTA, A. A.: *Introdução à História e Filosofia das Ciências*, Europa-América, 1986

CRUZ, A.: *O Porto nas navegações e na expansão*, Instituto de Cultura e Lingua Portuguesa, 1983

DEBUS, A. G.: *Science and History*, Universidade de Coimbra, 1984

DIAS. J. S. S.: *Os Descobrimentos e a problemática cultural do século XVI*, Editorial Presença, 3ª ed., 1988

D. DUARTE: *Leal Conselheiro*, Imprensa Nacional, 1982

DOMINGUES, G. P.: *Oração de André de Resende, 1551*, Biblioteca Geral da Universidade, Coimbra, 1982

DOS PASSOS, J.: *Portugal, três séculos de expansão e descobrimentos*, Editorial Ibis, 1970

DUKE-ELDER, S.: *System of Ophthalmology, vol. I, The eye in evolution*, 1958

DUMAITRE, P.: *Ambroise Paré, Vésale, la mort de Henri II*, L'Ophtalmologie des origines à nos jours, 1983, 4, 29-36

EHRHARDT, M: *A Alemanha e os Descobrimentos Portugueses*, Texto Editora, 1989

ERASMO: *Elogio da Loucura*, Europa-América, 1990

FERNANDEZ-CARRION, M. e J. L.VALVERDE: *Research note on Spanish-American Drug Trade*, Pharmacy in History, 1988, vol. 30, nº 1, pp. 27-32

FERNÃO LOPES: *Crónica de D. Pedro*, Livros Horizonte, 1977

FERNÃO LOPES: *Crónica de D. Fernando*, Liv. Civilização, 1989

FERREIRA, F. A, G.: *História da saúde e dos serviços de saúde em Portugal*, Fundação Calouste Gulbenkian, 1990

FERREIRA, F. L.: *Alphabeto dos Lentes*, Universidade de Coimbra, 1937

FIGUEIROA, F. C.: *Memórias da Universidade de Coimbra*, Universidade de Coimbra, 1 937

FREITAS, P. e M. J. GONÇALVES: *Paineis de S.Vicente de Fora. Uma questão inútil?*, Imprensa Nacional, 1987

FROIS, L.: *Historia de Japam*, ed. José Wicki, Biblioteca Nacional, Lisboa, 1976

GAGO, J. M.: *Ciência em Portugal*, Imprensa Nacional, 1991

GALVÃO, A.: *Tratado dos Descobrimentos*, Livraria Civilização, 1987

GÂNDAVO, P. M.: *História da Província Santa Cruz a que vulgarmente chamamos Brasil*, Biblioteca Nacional, 1984

GARCIA DORTA: *Coloquios dos simples,...*, Academia das Ciencias de Lisboa, 1963

GARCIA DA ORTA: *Colóquios dos simples e drogas da India*, ed. Conde de Ficalho, Imprensa Nacional, 1987

GARIN, E.: *La Renaissance, histoire d'une révolution culturelle*, Marabout Université, 1 964

GIL VICENTE: *Copilaçam de todalas obras*, Imprensa Nacional, 1984

GOUVEIA, A. J. A.: *Garcia d'Orta e Amato Lusitano na ciência do seu tempo*, Instituto de Cultura e Lingua Portuguesa, 1985

GUILLÉN, D. G. e outros: *Historia del Medicamento*, Merck Sharp & Dohme, 1984

GODINHO, V. M.: *Os Descobrimentos e a economia mundial*, Editorial Presença, 2ª ed., 1 984

GODINHO, V. M.: *Mito e Mercadoria, Utopia e prática de navegar, séculos XIII-XVIII*, DIFEL, 1990

GOMES, J. F.: *Autos e Diligências de Inquirição*, Fundação Calouste Gulbenkian, 1989

GONÇALVES, I.: *Possibilidade de acesso ao médico diplomado na Beira de Quatrocentos*, Cadernos de Cultura (Castelo Branco), 1989, 1, 11-15

GONÇALVES, J. V.: *Passos de Pedro Nunes ao Serviço do rei, História e desenvolvimento da Ciência em Portugal*, Vol. I, 13-42, Academia das Ciências de Lisboa,1 986

GUERRA, F.: *Historia de la Medicina*, Ediciones Norma, S. A., Madrid, 1989

GUERRA, F. e CARMEN SANCHES TELLEZ: *La Medicina Portuguesa en los Descubrimientos Americanos*, Ordem dos Médicos, revista, 1990, Dezembro, pp. 19-25

GUIMARÃES, F. e ROCHA BRITO: *A Faculdade de Medicina de Coimbra (de 1290 a 1911)*, Actas Ciba, 1950, 14, pp. 528-556

HALL, A. R.: *A revolução na ciência 1500-1750*, Edições 70, 1988

HERCULANO, A.: *História da Origem e estabelecimento da inquisição em Portugal*, Europa-América, 333, 335 e 339

HUKUSHIMA; G.: *Oldest spectacles in Japan*, American Journal of Ophthalmology, 1963, 55, 612-613

JANEIRA, A. M.: *Figuras de silêncio*, Junta de Investigações Científicas do Ultramar, 1981

JORGE, R.: *Canhenho dum Vagamundo*, Empresa Literaria Fluminense, 1924

LAMY, A. S.: *A Academia de Coimbra*, 1537-1990, Rei dos Livros, 1990

LE GOFF, J. e outros: *História e nova história*, Teorema, 1989

LEÃO HEBREU: *Diálogos de Amor*, ed. G. Manuppella, I. N. I. C., 1983

LEITE, S.: *Estatutos da Universidade de Coimbra* (1559), Universidade de Coimbra, 1963

LEMOS, M.: *História da Medicina em Portugal*, Publicações Dom Quixote, 1991

MAGALHÃES, J. R.: *E assim se abriu judeismo no Algarve*, 1982

MALDONADO, M. H.: *Relação das Náos e Armadas da India*, Biblioteca Geral da Universidade, Coimbra, 1985

MANUPPELLA, G.: *Livro de Cozinha da Infanta D.Maria*, Imprensa Nacional, 1986

MARANON, G.: *La Medicina y los Médicos*, Espasa-Calpe, S. A., 1962
MARKL, D. L.: *O retábulo de S. Vicente da Sé de Lisboa*, Caminho, 1988
MARQUES, A. H. O.: *Portugal Quinhentista*, Quetzal, 1987
MARQUES, A. J.: *Portugal e a Universidade de Salamanca (1503-1512)*, Ed. Universidad de Salamanca, 1980
MARQUES, A. L.: *A medicina e o médico perante o doente moribundo...*, Cadernos de Cultura (Castelo Branco), 1991, 4, 5-8
MARQUES, J. M. S.: *Descobrimentos Portugueses*, I. N. I. C., 1988
MARQUES, M. G. e JOHN CULE: *The Great Maritime Discoveries and World Health*, Escola Nacional de Saúde Pública, Lisboa, 1991
MARTINEZ, M.: *Anatomia completa del hombre*, Madrid, 1728
MARTINS, O.: *Portugal nos Mares*, Ulmeiro, 1988
MARTINS, O.: *História de Portugal*, Europa-América, 315 e 323
MATSUDA; K.: *The Relations between Portugal and Japan*, Junta de Investigaçoes do Ultramar, 1965
MATOS, A. A.: *A Oração de Sapiência de Hilário Moreira*, I. N. I. C., 1990
MATTOS, M. S.: *Biblioteca elementar Chirurgico-Anatomica*, Porto, 1788
MENEZES, J.V.: *Armadas Portuguesas*, Academia de Marinha, 1987
MENESES, M. O. R.: *Os autores ibéricos quinhentistas na história da Medicina Tropical*, Porto, 1971
MIRA, F.: *História da Medicina Portuguesa*, Empresa Nacional de Publicidade, 1974
MIRABEAU, B. A. S.: *Memoria Historica e Commemorativa da Faculdade de Medicina*, Coimbra, 1873
MIRANDOLA, G. P.: *Discurso sobre a Dignidade do Homem*, Edições 70, 1989
MOITA, I.: *V Centenário do Hospital Real de Todos os Santos*, Correios de Portugal, 1992
NOGUEIRA, F.: *Os Grandes Descobrimentos Portugueses e a expansão mundial da Europa*, Verbo, 1990
Ó, J. R. e M. F. ROLLO: *Cronologia sumária*, História, ano XI, nº 117, 1989
PAIVA, M. J. H.: *José Francisco Leal, Instituições ou elementos de Farmácia*, Lisboa, 1792
PEREIRA, M. H. R.: *Obras Médicas de Pedro Hispano*, Universidade de Coimbra, 1973
PINA, L.: *A Medicina Portuguesa de além mar no século XVI*, Biblioteca da Universidade, Coimbra, 1935
PINA, L.: *Deontologia Médica em Portugal*, Acção Médica, 1952, ano XVI, nºs 63 e 64, pp. 300-352

PONTES, J. M. C.: *Questões pendentes acerca de Pedro Hispano Portugalense*, Braga, 1990
PROENÇA, R.: *Um português no tecto do mundo em 1624*, Kalliope, De medicina, 45-46
QUEIROZ, J. M. E.: *A ilustre casa de Ramires*, Ulisseia,
RAMALHO, A. C.: *Estudos Camonianos*, I. N. I. C., 1980
RAMALHO, A. C.: *Latim Renascentista em Portugal*, I. N. I. C., 1985
RAMÓN Y CAJAL, S.: *La Psicología de los Artistas*, Espasa-Calpe, 1954
RASTEIRO, A.: *Luis Fróis e a história da Oftalmologia no Japão*, Kalliope, De medicina, 1988, 1, 1, 13-15
RASTEIRO, A.: *Universidade. Setecentos anos de ensino médico*, Kalliope, De medicina, 1989, 2, 4-5
RASTEIRO, A.: *A Cirurgia em Coimbra no século XVII*, Kalliope, De medicina, 1990, 3, 9-13
RASTEIRO, A.: *Os médicos portugueses e os descobrimentos dos séculos XV e XVI*, Ordem dos Médicos, revista, 1990, Novembro, pp. 21-32
RASTEIRO, A.: *L'impact de l'ophtalmologie européenne sur le Japon au XVI eme siecle*, 33 Contributions á l'Histoire de l'Ophtalmologie, Facultas-Universitatsverlag, Wien, 1991, pp. 114-117
RÉVAH, I. S.: *La Famille de Garcia de Orta*, Revista da Universidade de Coimbra, 1960, 19, 407-420
RIBEIRO, A.: *Principes de Portugal, suas grandezas e misérias*, Livros do Brasil, 1952
ROCHA-PITA, J. R.: *A matéria médica no século XVI e os descobrimentos*, Kalliope, De medicina, 1989, 2, 1-3
RODRIGUES, M.: *Arte de cozinha*, Lisboa, 1765
RODRIGUES, M. A.: *Actas das Congregações da Faculdade de Medicina (1772-1820)*, Arquivo da Universidade, Coimbra, 1985
SALGADO, A. e ANASTÁSIA SALGADO: *O Hospital de Todos-os-Santos e algumas das terras descobertas*, Ordem dos Médicos, revista, 1989, Março/Abril, pp. 34-42
SANCHES, A. N. R.: *Obras*, Universidade de Coimbra, 1959
SARAIVA, A. J.: *A Inquisição Portuguesa*, Publicações Europa-América, 1964
SARAIVA, A. J.: *Inquisição e cristãos-novos*, Editorial Inova, 1969
SARAIVA, A. J.: *O crepusculo da Idade média em Portugal*, Gradiva, 1988
SÉRGIO, A.: *Breve interpretação da História de Portugal*, Livraria Sá da Costa, 13ª ed., 1989

SERRÃO, J. V.: *Portugueses no estudo de Toulouse*, Universidade de Coimbra, 1954
SOUSA, A. T.: *Curso de História da Medicina, das origens aos fins do século XVI*, Fundação Calouste Gulbenkian, 1981
TAVARES, M. J. P. F.: *Os Judeus em Portugal no século XV*, Universidade Nova de Lisboa, 1982
THEODORIDÈS, J.: *História da Biologia*, Edições 70, 1984
TINHORÃO, J. R.: *Os Negros em Portugal, uma presença silenciosa*, Caminho, 1988
USQUE, S.: *Consolação às Tribulações de Israel*, Fundação Calouste Gulbenkian, 1989
VIEIRA, A.: *Sermões*, Europa-América, 1986
VITERBO, F. M. S.: *Trabalhos Nauticos dos Portugueses. Séculos XVI e XVII*, Imprensa Nacional, 1988
WALKER, K.: *Histoire de la Médecine*, Marabout Université, 1962
WALTER, J.: *Um português carioca professor da primeira Escola Médica de Angola (1791)*, Junta de Investigações do Ultramar, 1970
ZACUTO LUSITANO: *Historiarum medicorum*, Amsterdam, 1637
ZARAGOZA, G.: *Los Grandes Descubrimientos*, Anaya, Madrid, 1987
ZURARA, G. E.: *Crónica da Guiné*, Livraria Civilização, 1973

INDICE

1. MEDICINA E DESCOBRIMENTOS 5
2. DIGNIDADE HUMANA 15
3. ESTA GENTE 27
4. OS MÉDICOS E O MAR 37
5. IDENTIDADE 53
6. LUSITANICES 65
7. EM LOUVOR DA CIÊNCIA 77
8. ESCRITORES E AVENTUREIROS 85
9. RAIZ DA CHINA 91
10. LUIS DE CAMÕES E GARCIA DE ORTA 103
11. OS DESCOBRIMENTOS E A LINGUA 113
12. JURAMENTOS 131
13. SOMATORIO DE INFORMAÇÕES 143
14. TRÊS DOCUMENTOS 161
15. ELOGIO DA MEMORIA 174
16. BIBLIOGRAFIA 179

Execução Gráfica
G. C. — Gráfica de Coimbra, Lda.
Tiragem, 1000 ex. — Setembro, 1992
Depósito Legal n.º 59747/92